MARIOLOGIA

Dados Internacionais de Catalogação na Publicação (CIP)
(Câmara Brasileira do Livro, SP, Brasil)

Boff, Clodovis
  Mariologia / Clodovis Boff. – 7 ed. Petrópolis, RJ : Vozes, 2019.

  ISBN 978-85-326-5983-5
  Bibliografia
  1. Maria, Virgem, Santa I. Título.

04-1836   CDD-232.91

Índices para catálogo sistemático:
1. Maria, Mãe de Jesus : Mariologia   232.91

CLODOVIS M. BOFF, OSM

MARIOLOGIA

Petrópolis

© 2004, 2019, Editora Vozes Ltda.
Rua Frei Luís, 100
25689-900 Petrópolis, RJ
www.vozes.com.br
Brasil

Todos os direitos reservados. Nenhuma parte desta obra poderá ser reproduzida ou transmitida por qualquer forma e/ou quaisquer meios (eletrônico ou mecânico, incluindo fotocópia e gravação) ou arquivada em qualquer sistema ou banco de dados sem permissão escrita da editora.

CONSELHO EDITORIAL

Diretor
Gilberto Gonçalves Garcia

Editores
Aline dos Santos Carneiro
Edrian Josué Pasini
Marilac Loraine Oleniki
Welder Lancieri Marchini

Conselheiros
Francisco Morás
Ludovico Garmus
Teobaldo Heidemann
Volney J. Berkenbrock

Secretário executivo
João Batista Kreuch

Editoração: Ana Kronemberger
Diagramação: Sheilandre Desenv. Gráfico
Revisão gráfica: Nilton Braz da Rocha
Capa: Renan Rivero

ISBN 978-85-326-5983-5

Esta obra teve 6 edições com o título *Introdução à Mariologia*.

Editado conforme o novo acordo ortográfico.

Este livro foi composto e impresso pela Editora Vozes Ltda.

Sumário

Apresentação à segunda edição, 7

Prefácio, 11

I. Introdução geral à mariologia, 13
1. Objetivos do estudo da mariologia, 13
2. Fontes principais da mariologia, 13
3. Itinerário do "homem moderno" em relação a Maria, 14
4. Maria: síntese da fé cristã, 14
5. Maria e Cristo: relação íntima, 16
6. Evolução da mariologia no NT, 18
7. Imagens principais de Maria na História, 19
8. Princípios metodológicos da mariologia, 20
9. Estilo de racionalidade em mariologia, 23

II. Maria no Novo Testamento, 29
1.A. Mariologia de Marcos, 31
1.B. Mariologia de Paulo, 36
2. Mariologia de Mateus, 37
3. Mariologia de Lucas, 43
4. Mariologia de João, 67

III. Maria no capítulo VIII da *Lumen Gentium*:
"A Bem-aventurada Virgem Maria no mistério de Cristo e da Igreja", 89

- 1. Proêmio, 91
- 2. Maria na História da Salvação, 96
- 3. Maria e a Igreja, 106
- 4. O culto mariano, 119
- 5. Maria, sinal escatológico, 124

Sintetizando a LG VIII, 126

Temas mariológicos pós-conciliares, 127

Referências, 129

Apresentação à segunda edição

Uma coleção de teologia, escrita por autores brasileiros, leva-nos a pensar a função do teólogo no seio da Igreja. Tal função só pode ser entendida como atitude daquele que busca entender a fé que professa, e, por isso, faz teologia. Esse teólogo assume, então, a postura de produzir um pensamento sobre determinados temas, estabelecendo um diálogo entre a realidade vivida e a teologia pensada ao longo da história, e se caracteriza por articular os temas relativos à fé e à vivência cristã, a partir de seu contexto. Exemplo claro desse diálogo, com situações concretas, são Agostinho ou Tomás de Aquino, que posteriormente tiveram muitas de suas teorias incorporadas à doutrina cristã-católica, mas que a princípio buscaram estabelecer um diálogo entre a fé e aquele determinado contexto histórico. Como conceber um teólogo que se limita a reproduzir as doutrinas pensadas ao longo da história? Longe de ser alguém arbitrário ou que assuma uma posição de déspota, o teólogo é aquele que dialoga com o mundo e com a tradição. Formando a tríade teólogo-tradição-mundo, encontramos um equilíbrio saudável que faz com que o teólogo ofereça subsídios para a fé cristã, ao mesmo tempo que é fruto do contexto eclesial em que vive.

Outra característica que o acompanha é a de ser filho da comunidade eclesial, e, como tal, deve fazer de seu ofício um serviço aos cristãos. Se consideramos que esses cristãos estão inseridos em realidades concretas, cada teólogo é desafiado a oferecer pistas, respostas ou perspectivas teológicas que auxiliem na construção da identidade cristã que nunca está fora de seu contexto, mas acontece justamente na relação dialógica com ele. Se o contexto é sempre novo, também a teologia se renova. Por isso o teólogo olha novos horizontes e desbrava novos caminhos a partir da experiência da fé.

O período do Concílio Vaticano II (1962-1965) consagrou novos ares à teologia europeia, influenciada pela *Nouvelle Théologie,* pelos movimentos bíblicos e litúrgicos, dentre outros. A teologia, em contexto de modernidade, apresentou sua contribuição aos processos conciliares, sobretudo na perspectiva do diálogo que ela própria estabelece com a modernidade, realidade latente no contexto europeu. A primavera teológica, marcada por expressiva produção intelectual e pelo contato com as várias dimensões humanas, sociais e eclesiais, também chega à América Latina. As conferências de Medellín (1968) e Puebla (1979) trazem a ressonância de vários teólogos latino-americanos que, diferente da teologia europeia, já não dialogam com a modernidade, mas com suas consequências, vistas principalmente no contexto socioeconômico. Desse diálogo surge a Teologia da Libertação e sua expressiva produção editorial. A Editora Vozes, nesse período, foi um canal privilegiado de publicações, e produziu a coleção *Teologia & Libertação* que reuniu grandes nomes na perspectiva da teologia com a realidade eclesial latino-americana. Também nesse período houve uma reformulação conceitual na *REB* (Revista Eclesiástica Brasileira), organizada pelo ITF (Instituto Teológico Franciscano), sendo impressa e distribuída pela Editora Vozes. Ela deixou de ser canal de formação eclesiástica para se tornar um meio de veiculação da produção teológica brasileira.

Embora muitos teólogos continuassem produzindo, nas décadas do final do século XX e início do XXI, o pensamento teológico deixou de ter a efervescência do pós-concílio. Vivemos um momento antitético da primavera conciliar, denominado por muitos teólogos como inverno teológico. Assumiu-se a teologia da repetição doutrinária como padrão teológico e os manuais históricos – muito úteis e necessários para a construção de um substrato teológico – que passaram a dominar o espaço editorial. Essa foi a expressão de uma geração de teólogos que assumiu a postura de não mais produzir teologia, mas a de reafirmar aspectos doutrinários da Igreja. O papado de Francisco marcou o início de um novo momento, chancelando a produção de teólogos como Pagola, Castillo, e em contexto latino-americano, Gustavo Gutiérrez. A teologia voltou a ser espaço de produção e muitos teólogos passaram a se sentir mais responsáveis por oferecerem ao público leitor um material consonante com esse momento.

Em 2004, o ITF, administrado pelos franciscanos da Província da Imaculada, outrora responsável pela coleção *Teologia & Libertação* e ainda responsável pela *REB*, organizou a coleção *Iniciação à Teologia*. O Brasil vivia a efervescência dos cursos de teologia para leigos, e a coleção tinha o objetivo de oferecer a esse perfil de leitor uma série de manuais que exploravam o que havia de basilar em cada área da teologia. A perspectiva era oferecer um substrato teológico aos leigos que buscavam o entendimento da fé. Agora, em 2019, passamos por uma reformulação dessa coleção. Além de visarmos um diálogo com os alunos de graduação em teologia, queremos que a coleção seja espaço para a produção teológica nacional. Teólogos renomados, que têm seus nomes marcados na história da teologia brasileira, dividem o espaço com a nova geração de teólogos, que também já mostraram sua capacidade intelectual e acadêmica. Todos eles têm em comum a característica de sintetizarem em seus manuais a produção teológica que é fruto do trabalho.

A coleção *Iniciação à teologia*, em sua nova reformulação, conta com volumes que tratam das Escrituras, da Teologia Sistemática,

Teologia Histórica e Teologia Prática. Os volumes que estavam presentes na primeira edição serão reeditados; alguns com reformulações trazidas por seus autores. Os títulos escritos por Alberto Beckhäuser e Antônio Moser, renomados autores em suas respectivas áreas, serão reeditados segundo os originais, visto que o conteúdo continua relevante. Novos títulos serão publicados à medida que forem finalizados. O objetivo é oferecermos manuais às disciplinas teológicas, escritos por autores nacionais. Essa parceria da Editora Vozes com os teólogos brasileiros é expressão dos novos tempos da teologia, que busca trazer o espírito primaveril para o ambiente de produção teológica, e, consequentemente, oferecermos um material de qualidade para que estudantes de teologia, bem como teólogos e teólogas, busquem aporte para seu trabalho cotidiano.

Welder Lancieri Marchini
Editor teológico, Vozes
Organizador da coleção

Francisco Morás
Professor do ITF
Organizador da coleção

Prefácio

Mesmo não figurando dentre os principais temas do Vaticano II, Maria foi de alguma forma influenciada por vários deles. O Concílio não estabeleceu formulações dogmáticas acerca de Maria, mas a perspectiva pastoral assumida no processo conciliar fez com que ela se tornasse exemplo de atitude cristã a ser assumida pelos membros da Igreja. O novo entendimento acerca da revelação, ou mesmo da eclesiologia conciliar, trouxe novos entendimentos da mariologia.

De modo geral Maria é tratada na *Lumen Gentium*, capítulo 8, que catalisa toda uma discussão que aconteceu no decurso do Concílio acerca da mediação de Maria. Poderia ser Maria a medianeira ou a corredentora? Poderia ser este o quinto dogma mariano, somando-se aos dogmas da maternidade divina (*Theotókos*), da virgindade de Maria, de sua imaculada conceição e de sua assunção?

A contribuição conciliar acerca da figura de Maria vem com o entendimento da sua função de cooperadora da obra de salvação (cf. LG 53, 56, 61 e 63) e de sua intercessão (cf. LG 62). Dentre as preocupações de diálogo com os protestantes ou mesmo com o mundo moderno europeu, Maria e a Igreja passam a ser entendidas como instrumentos estreitamente relacionados à salvação e mediação de Cristo.

O desenrolar da mariologia pós-conciliar recebeu contornos econômicos, marcados, sobretudo, pelo substrato bíblico e pelo horizonte soteriológico. É esta a perspectiva assumida por Clodovis Boff neste volume da coleção *Iniciação à Teologia*. O retrato de Maria nos evangelhos se torna base para o entendimento de uma mulher que, assumindo a missão de Cristo em sua vida, e, consequentemente, seu lugar na história da salvação, torna-se exemplo do ser cristão na atualidade. A relação íntima entre Maria e Jesus torna-se o horizonte a ser assumido por cada cristão, visto que, como ela foi incluída pelo próprio Jesus, revela-nos um *Deus-com*, muito mais que um *Deus-só*.

Welder Lancieri Marchini
Editor teológico, Vozes
Organizador da coleção

Francisco Morás
Professor do ITF
Organizador da coleção

I
Introdução geral à mariologia

1. Objetivos do estudo da mariologia (CONGREGAÇÃO PARA A EDUCAÇÃO CATÓLICA, 1989: 434-435)

1. **Intelectual**: *compreender* corretamente o lugar e a missão de Maria na História da Salvação;

2. **Espiritual**: crescer em amor e em piedade para com a Mãe do Senhor;

3. **Moral**: ser levado a *imitá*-la como exemplo de vida, especialmente de fé e de amor;

4. **Cultual**: poder *celebrá*-la de modo adequado na liturgia e nas práticas da devoção popular;

5. **Pastoral**: ser capaz de *comunicar* o sentido de Maria ao Povo de Deus e à sociedade de hoje.

2. Fontes principais da mariologia (lugares mariológicos)

1. **Bíblia**: fonte principal e critério último (suficiência *material* da Escritura), mas lida sempre dentro da grande Tradição (princípio *formal* de interpretação bíblica);

2. **Santos Padres e Doutores**: devoção e piedade marianas do Povo de Deus;

3. **Liturgia**: Padres e Liturgia;

4. **Magistério**: Concílios, Santa Sé, ensino e pregação dos pastores;

5. **Piedade do Povo de Deus** (*sensus fidelium*)[1].

3. Itinerário do "homem moderno" em relação a Maria

Segundo o teólogo R. Garrigou-Lagrange (1941: VII), o caminho do cristão "moderno" passa por estas três fases psicoespirituais:

1. **Admiração e piedade**: "Tudo é belo em Maria!" É a "primeira ingenuidade". É a tese.

2. **Crítica e reserva**: "É belo demais para ser verdadeiro!" É a antítese.

3. **Admiração e piedade recuperadas**: "É belo porque verdadeiro!" É a "segunda ingenuidade". É a síntese.

4. Maria: síntese da fé cristã

- "Maria... une em si de certo modo e reflete as supremas normas da fé" (LG 65).

- "No nome da *Theotókos* está contido todo o mistério da salvação" (SÃO JOÃO DAMASCENO, III, 12).

- "Nela se resumem as conexões com a Trindade, a Redenção, a Igreja e a História..." (CELAM. "Igreja e religiosidade popular na América Latina", 1976).

- Maria está toda dentro da História da Salvação (o fragmento no todo); e vice-versa, a História da Salvação está toda em Maria (o todo no fragmento) (B. Forte). Maria é a "micro-história" da Salvação. É o Mistério da Salvação "concentrado".

---

1. As quatro primeiras fontes estão indicadas no próprio documento conciliar sobre Maria: LG 67.

- Assim, Maria é como uma "*Suma Teológica mínima*". É possível crer em Deus, sem crer em Cristo; é possível crer em Jesus sem crer na Igreja, mas não é possível crer em Maria sem ao mesmo tempo crer, pelo menos virtualmente, em Deus, em Cristo e na Igreja (ROTONDI. "La Madonna e l'operario")[2].

- O dogma cristão está suspenso em Maria, como o mundo na "corrente de ouro" de Zeus de que fala Homero (ROSCHINI, 1954: 245).

- Resposta de Santo Arquelau, Bispo de Cascar e Diodoris, a Mani, em 277:

  Se, como dizes, Cristo não nasceu (de Maria), também não sofreu, pois sofrer é impossível a quem não nasceu. Se Ele não sofreu, é necessário fazer desaparecer até o nome da Cruz.

  Suprimindo-se a Cruz, Jesus não ressuscitou dos mortos.

  Se Jesus não ressuscitou dos mortos, ninguém ressuscitará.

  Se ninguém ressuscitará, não haverá Julgamento, pois é certo que se eu não ressuscito, não serei julgado.

  Se não deve haver Julgamento, é em vão que se há de observar os mandamentos de Deus; não há como nos obrigar a isso: "comamos e bebamos, pois amanhã morreremos".

  Todas estas coisas se encadeiam para aquele que nega que Jesus tenha nascido de Maria.

  Se, ao contrário, confessas o nascimento de Cristo de Maria, a Paixão o segue necessariamente; a Ressurrei-

---

2. Contém as Atas do Congresso Mariológico de Roma em 1950. Esse famoso pregador dos tempos de Pio XII constatava que comunistas e agnósticos não aceitam Deus ou a Igreja, mas respeitam e até veneram Maria. O mesmo constatava Paulo VI (*Insegnamenti...* XIV, 1976, p. 969). Cf. o testemunho de Hermann Hesse († 1966, Prêmio Nobel de literatura 1942): "O que não creio sejam capazes Santo Antônio e Santo Inácio, creio que o seja a Virgem, isto é, que nos compreenda e nos admita a nós, os hereges" (apud SCHREINER, 1996: 514). O homem pode abandonar tudo, mas a última coisa que abandona é a mãe. Ora, Maria é mãe também dos filhos desencaminhados. Consequência pastoral: a partir de Maria se pode recuperar a totalidade da fé.

ção à Paixão; o Julgamento à Ressurreição; e todos os preceitos da Escritura estarão salvos.

Não se trata, portanto, de uma questão vã. Ela contém muitas coisas nesta única palavra (*Theotókos*).

Como toda a Lei e os Profetas estão contidos no duplo preceito, assim também toda a nossa esperança está suspensa no parto da bem-aventurada Maria (MOEHLER, 1843: 262).

Em particular, a expressão "Virgem-Mãe" constitui uma "fórmula breve" da fé:

- Virgem = *sinal* da divindade de Cristo ("nascido do Espírito Santo");

- Mãe = *prova* da humanidade de Cristo ("no seio da Virgem Maria").

"O nascimento na carne é manifestação da natureza humana; o parto da Virgem é indício do poder divino" (SÃO LEÃO MAGNO. *Tomus ad Flavianum*: PL 54, 765-767).

Por isso Maria é tida pelos Santos Padres como o "cetro da ortodoxia" e a "regra da fé verdadeira" (São Cirilo de Alexandria).

Disso tudo se depreende que um bom tratado de Mariologia reverbera toda a Teologia sob um prisma especial, o mariano; e, vice-versa, toda boa Teologia desenvolve em cada tratado sua dimensão mariológica. Mariologia é, portanto, um tratado-encruzilhada, ou seja, uma disciplina de conexão.

5. Maria e Cristo: relação íntima

De fato, a **maternidade** divina constitui o núcleo da mariologia. Maria é essencialmente a "Mãe de Deus" (*Theotókos, Dei genitrix*). Maria é toda **relativa** a Cristo e, a partir de Cristo, relativa à Igreja. Daí o título do cap. VIII da *Lumen Gentium*: "Maria no mistério de Cristo e da Igreja".

Mais: toda e qualquer **outra relação** que Maria tem (e ela se relaciona com todos os mistérios da fé e tem uma palavra a dizer sobre todas as realidades humanas), passa sempre pela relação com Cristo. Por exemplo, Maria se relaciona com o Espírito Santo através de sua relação primária com Jesus. Se ela se relaciona com a Sociedade, é porque é a Mãe do Senhor; e assim por diante. A relação Maria-Cristo é a "relação axial" em mariologia.

Ora, se Jesus é o **centro** do Cristianismo, Maria é **central**, por ser a pessoa que está mais próxima deste centro. O cristocentrismo não é exclusivo (cristomonismo), mas "inclusivo". Pois o Deus dos cristãos não é solidão, mas comunhão. Não é Deus-só, mas Deus-com: Deus com Deus: Pai, Filho e Espírito Santo; e Deus conosco: Emanuel. Deus não dispensa as criaturas, mas as associa ao seu ser e à sua ação. Assim, Ele mostra mais poder fazendo as criaturas participarem de seu poder do que substituindo-as. Ela faz com que elas façam, em vez de fazer em lugar delas. A "economia da salvação" é uma economia das mediações.

Portanto, é dentro da "lógica da inclusão" das mediações que devemos entender o lugar de Maria no mistério salvífico. Maria é a pessoa que Cristo mais "incluiu" em sua obra salvadora. Ela é a que mais participou da mediação de Cristo, o único mediador. Eis um quadro exemplificativo, tirado da tradição eclesial, da "lógica da inclusão", melhor ainda, da "lei da comunhão" que une Cristo e Maria:

Se Jesus é:	Maria é:
• o Filho do Homem ---- >	a Mãe do Filho de Deus
• Deus --------------- >	o Santuário da Divindade
• o Caminho --------- >	a Indicadora do caminho (*Hodi- ghítria*)

• a Verdade ————————>	a Testemunha da Verdade
• a Vida ————————>	a Fonte da Vida (*Zoodokós peghé*)
• o Doador do Espírito ———>	o Vaso "espiritual" (= contendo o Espírito)
• a Sabedoria ————————>	a Sede ou o Trono da Sabedoria
• a Aliança ————————>	a Arca da Aliança
• a Luz ————————>	o Candelabro que carrega a Luz
• o Sol da justiça ————————>	a Estrela da manhã, a Lua, o Céu[3]
• a Flor ou o Broto messiânico ———————— >	a Planta que carrega a Flor ou o Broto
• a Água da Salvação ———— >	a Fonte ou a Cisterna[4]
• o Fruto nutriente ———— >	a Árvore da Vida
• o Tesouro precioso —————>	o Cofre que guarda o Tesouro
• do Perfume que salva (2Cor 2,15s.) ————————>	o Frasco do Perfume
• a Pintura em que Deus se autorrevela ————————>	a Moldura do quadro divino

6. Evolução da mariologia no NT

1. Fase **oculta**: *Marcos*. Para o primeiro evangelista, Maria é uma figura ainda sem perfil definido e sem relevância teológica. Sua grandeza sobrenatural permanece oculta. Ela é definida apenas pelos laços de sangue, permanecendo es-

---

3. Se Cristo é a gema preciosa, Maria é o escrínio em que está guardada; se Cristo é o sol, Maria é o céu onde Ele brilha; se Cristo é a flor que não murcha, Maria é a planta incorruptível de onde procede" (Hesíquio de Jerusalém. Sermo IV: PG 93,1464D).

4. Quando bebemos a água, lembramos da fonte": provérbio chinês, reportado pelo convertido João Wu. Apud GIORDANI, I. In: *Enciclopedia mariana Theotókos*. 2. ed. Gênova/Milão: [s.e.], 1958, p. 227.

condida ou "imersa" em seu clã. É a mãe carnal ou clânica do Filho de Deus.

2. Fase **alusiva**: *Paulo*. O Apóstolo faz apenas uma referência indireta a Maria (Gl 4,4). É que o *kerygma* do Ressuscitado ocupa quase toda a cena. A luz nova e forte de Cristo "ofusca" a figura de Maria, que fica como que "escotomizada" (posta na sombra).

3. Fase **positiva**: *Mateus* e *Lucas*. Para Mt Maria é toda relativa ao Messias, da qual é Mãe virginal. Mt insere plenamente a Virgem no Plano da Salvação. Para Lc, Maria é já uma "personalidade" consciente e livre, com uma consciência e um rosto próprios, seja do ponto de vista psicológico, seja teológico. Os *Atos* também só citam a Virgem uma vez (At 1,14), mas num contexto e de um modo muito significativos, como veremos.

4. Fase de **aprofundamento**: *João*. Para este a Mãe de Jesus é uma figura de grande relevância teológica: a nova "mulher", a Mãe da fé (Caná) e dos fiéis (Cruz), a Mulher cósmica (Ap 12).

Em seguida, tanto na história dos dogmas como na piedade eclesial, a mariologia ganhou um **desenvolvimento** extraordinário. Nesse impressionante *crescendum*, a Igreja não **inventou** coisas sobre a Virgem, apenas **descobriu** dimensões de seu mistério, dimensões que estavam latentes no Depósito da fé.

7. Imagens principais de Maria na História

Antiguidade: Mãe de Deus (Conc. de Éfeso), Virgem (Conc. de Constant. II), Rainha;

Idade Média: Nossa Senhora e Mãe de Misericórdia;

Idade Moderna: Patrona e Rainha dos Povos (católicos); Mulher de fé e Serva do Senhor (Reformadores);

Idade Contemporânea: Discípula, Libertadora e Mulher.

8. Princípios metodológicos da mariologia

Princípios abertos

1. **Eminência.** Os **textos do NT** sobre Maria são sóbrios, mas densos; não devem ser contados, mas **pesados**. Vários deles exprimem explicitamente a eminência de Maria e justificam o imenso interesse da Igreja pela Mãe de Deus. São como as "sete joias" que adornam a *Tota pulchra*:

   a) "A cheia de graça": *kecharitoomenee* (Lc 1,28);

   b) "A bendita entre todas as mulheres" (Lc 1,42);

   c) "A Mãe do meu Senhor" (Lc 1,43);

   d) "Aquela que acreditou" (Lc 1,45);

   e) Aquela que "todas as gerações proclamarão bem-aventurada" (Lc 1,48);

   f) A mulher na qual o Onipotente fez "grandes coisas" (Lc 1,49);

   g) A "Mulher", a Nova Eva (Jo 2,4; 19,26; Ap 12,1).

Essas são as "sete joias" mais vistosas de Maria. Há outras sete, mais ocultas, de um brilho mais discreto:

1) Maria é a "virgem messiânica", predita pelo Profeta (Is 7,14 = Mt 1,23);

2) É a única mulher que concebeu do Espírito Santo (Mt 1,18.20.25), coisa só possível a Deus (Lc 1,37);

3) É a Mulher que rompeu a genealogia da carne, comandada pelos varões, e deu nascimento à nova humanidade, gerada por obra do Espírito (Mt 1,16);

4) É nos Atos 1,14 a única pessoa citada nominalmente com os Apóstolos, as "colunas da Igreja" nascente;

5) É a "Serva do Senhor" (Lc 1,38.48), que está ao lado do "Servo do Senhor" dêutero-isaiano, Jesus Cristo (Mt 12,18);

6) É Aquela cujo dom, feito pelo Salvador moribundo, do alto da cruz, "consuma" sua obra redentora (Jo 19,28);

7) Só Ela é a Mulher-Igreja (Ap 12,1-3).

A **tradição eclesial** continua:

- É a "toda-santa", a "santíssima" (tradição do Oriente e do Ocidente, respectivamente);
- Maria é "a mais próxima de Cristo" (LG 54);
- É "o membro mais eminente da Igreja" (LG 53) etc.

2. **Singularidade.** Refere-se aos quatro "privilégios" de Maria, que correspondem aos quatro dogmas marianos (cf. BOFF, C., 2016):

- só Maria é a "Mãe do Senhor" (Lc 1,43);
- só ela foi "mãe virginal";
- só ela foi concebida imaculada;
- enfim, só ela foi assumida ao céu em corpo e alma.

Embora essas graças particularíssimas de Maria estejam a serviço de Cristo e da humanidade e possam, além disso, ser participadas, de certo modo, também por nós, elas não deixam de mostrar que Maria é uma pessoa absolutamente "única" na história da salvação.

3. **Conveniência.** Em Maria Deus mostrou de modo particular não só o que era necessário para a nossa salvação, mas também o que era "conveniente", belo, admirável. É a lógica do amor livre, generoso e criativo. Assim:

- Convinha que a Mãe de Deus fosse *virgem* para ser "sinal" da divindade do Filho;

- Convinha que fosse Imaculada, pois "puríssima devia ser Aquela que gerou o Cordeiro sem mancha" (Pref. da *Imaculada Conceição*);

- Como Maria nunca pecou, era conveniente que não pagasse o "salário do pecado" – a morte, e fosse assumida na Glória (*Assunção*).

4. **Semelhança com Cristo**: Maria "é a face que a Cristo mais se assemelha" (DANTE ALIGHIERI, s.d., par. XXII, 85). Por isso, podemos afirmar:

- como Cristo foi o Novo Adão, assim também Maria foi a Nova Eva (Justino e Irineu);

- como Jesus é o "sim" das Promessas do Pai (2Cor 1,19: "JC sempre foi sim"), assim também Maria foi a mulher do "sim" (cf. Lc 1,38);

- como Cristo é Rei, assim também Maria é Rainha – a Rainha-mãe etc.

Princípios-limitativos

1. **Criatura**. Maria não é deusa: ela foi criada. Está do lado da Criação e não do Criador. Se Ela está integrada na Trindade é por participação graciosa e não por exigência da natureza.

2. **Peregrina da fé**. Ela é peregrina (*viatrix*). Para ela também a fé foi uma aventura. Ela é a "crente" por excelência (Lc 1,45). "Caminhou na penumbra da fé" (LG 68).

3. **Redimida**. Ela também foi salva por Cristo, ainda que de modo todo especial: por um ato preventivo de Deus. Ela é a "obra-prima" da graça, mas não a própria graça original.

4. **Serva do Senhor.** Ela serviu como ninguém à obra do Filho. Portanto, ela não é só Senhora, mas também Serva; e só é Senhora porque Serva. Maria é absolutamente "cristocentrada": está toda voltada para Cristo e seu Reino. Ela é testemunha do Messias e de sua obra. É um ser todo relativo: um ser-de, um ser-com e um ser-para.

5. **Membro da Igreja.** Não está fora da *Communio sanctorum*, mas dentro da Igreja, ainda que "em primeiro lugar" (cf. *Cânon* romano). Da Igreja Ela é "membro eminente, mas membro" (Santo Agostinho). Está situada mais do lado da humanidade que do lado da divindade. E mesmo na estrutura ministerial da Igreja, Ela não está na cúpula, mas na base. Ela não está do lado do Altar, mas dos bancos – no meio do Povo de Deus.

NB: Importa dialetizar as duas ordens de princípios *supra*, evitando cair nos extremos:

- do **maximalismo**, quando aplicamos somente os "princípios abertos", levados por um sentimentalismo exaltado (era o que prevalecia antes do Vaticano II);

- e do **minimalismo**, quando se aplicam só os "princípios limitativos": é o que acontece quando se parte de um racionalismo cético e presunçoso.

9. Estilo de racionalidade em mariologia

Em mariologia a "racionalidade lógica" joga muito pouco (LAURENTINI, 1965: 112-113)[5]. Jogam mais as "razões do coração". Dizemos "coração", não no sentido moderno, do "coração

---

5. Com os testemunhos que se aduzem em Garrigou-Lagrange, 1941: VII.

emocional", mas no sentido bíblico, do coração que intui, adivinha, discerne e decide.

Poderíamos dizer que no tratado de mariologia se deve levar muito em conta a "lei do amor": Deus amou tanto a Virgem Maria que fez por ela tudo o que podia fazer de grande e maravilhoso. Maria é prova do quanto Deus foi longe, na história da salvação, em termos de generosidade, delicadeza e engenho. Poderíamos dizer que nela Deus "se excedeu": sua graça nela foi "superabundante" (cf. Rm 5,20). É realmente, depois de Cristo, a "obra-prima" de Deus.

O "princípio da generosidade" do amor de Deus norteou toda a mariologia franciscana (KOSER, 1960: 57-70). O amor não se limita ao necessário, mas se rege pelo conveniente. É a base por que em mariologia vale sobretudo o silogismo da conveniência: *potuit, decuit, ergo fecit*. Na verdade, a mariologia franciscana é de tipo "cavalheiresco". O cavalheiro não conhece medidas ou limites. Não sabe de avareza, mas somente de ousadia, nobreza e munificência. Ele quer glorificar o quanto pode sua Dama. Dela pensa sempre o que é mais alto, o que é eminente. Para a "mariologia cavalheiresca", Deus não se deixou vencer por nada em seu amor a Maria e, através dela, ao mundo. A esse propósito, um conhecido teólogo anglicano, C.S. Lewis, escreve:

> Não há controvérsia entre cristãos que tenha de ser tratada com mais delicadeza do que aquela que se refere a Maria. A doutrina católica a este respeito costuma ser defendida não apenas com o fervor inerente a toda a fé religiosa sincera, mas também – e é muito natural – com a sensibilidade peculiar e por assim dizer cavalheiresca que um homem experimenta quando está em jogo a honra da sua mãe ou da sua bem-amada. Assim, é muito difícil dissentir dos católicos nesta matéria sem parecer, aos seus olhos, tão grosseiro quanto herético (LEWIS, 1997: 13 – Prefácio).

O discurso mariológico segue o "amor sem limites" como seu *a priori*. O verdadeiro amor é sempre exagerado (cf. NEWMAN, 1975). E é também um pouco doido. E se compreende. A pessoa enamorada se desdobra em contemplação extasiada e em louvores sem fim pelo objeto de seu amor. Assim também o discurso do **devoto** sobre Maria: é fruto do afeto, da admiração, do entusiasmo e da exaltação. Ele quer mais é celebrá-la e magnificá-la. Um franciscano do século XVIII chamou Maria de *raptrix cordium* (conquistadora dos corações). São João Damasceno confessa: "Que haverá de mais doce do que a Mãe de Deus? Ela cativou meu espírito, seduziu minha língua; penso nela dia e noite" (*Sermão III para a Dormição*, 19: PG 97, 752).

> E isso é tanto mais compreensível quando se sabe que Maria na história da salvação é uma "personagem única". Ela é "infinitamente única" (Ch. Péguy). Essa é também uma das raízes dos "piedosos exageros" na piedade mariana (R. Guardini). É só a linguagem do amor e da admiração que permite entender (e perdoar, embora sem justificar) que se trate Maria como uma "deusa" e que se a queira "adorar"[6]. O enamorado da Virgem prefere **errar por excesso** que por defeito, como confessava o franciscano Guilherme de Ware (†1298): "Se tiver que falhar..., prefiro que seja por superabundância, conferindo a Maria uma prerrogativa qualquer, do que por defeito, diminuindo ou subtraindo dela alguma prerrogativa que teve" (In: *III Sent*, q. 25).

---

6. Maria foi chamada de "deusa" por Petrarca, Villon, Isabella Morra e mesmo pela mística medieval Matilde de Magdeburgo. A hipótese de L. Boff de uma união praticamente hipostática entre Maria e o Espírito Santo leva para esse lado: *O rosto materno de Deus*. Petrópolis: Vozes, 1979, p. 106-117. Santo Tomás fala da "dignidade de certo modo infinita" de Maria (ST I, q. 25, a. 6, ad 4). São Gregório Magno diz que ela se eleva "até o sólio da divindade" (In: *I Regum*, I, 15: PL 79,25). Falaram em termos de "adorar" Maria: Santo Afonso de Ligório, Don Orione, Tommaso Gnoli: cf. ANTONAZZI, G. *Maria, dignitas terrae*. Brescia: Morcelliana, 1996, p. 81-82 e 190-191.

Para o apaixonado, tudo o que se refere à pessoa amada é **maravilhoso**. Em tudo ele vê nexos analógicos e simbólicos com ela. Usa toda sorte de metáforas ou comparações para celebrá-la, exaltá-la, magnificá-la. É o discurso do *pathos* e não do *logos* (cf. BOFF, L., 1979: 215-216). Assim é que a linguagem da devoção a Maria privilegia as harmonias, as correspondências, as "afinidades eletivas". É enfim a linguagem "conveniencial". Pois, se Maria é Mãe de Jesus, é mãe também dos seguidores de Jesus; se é Mãe do Salvador, é também fonte da nossa salvação. Assim, na "Salve-Rainha" exclama a emoção religiosa encantada: "Vida, doçura, esperança nossa..."

Deste modo, compreende-se por que existe um legítimo "maximalismo mariológico". Poderíamos chamá-lo de "maximalismo intensivo", para distingui-lo do extensivo, esse ilegítimo, porque extrapola os termos do dogma. Pois se Deus foi "o máximo" em Maria, como não reconhecê-lo e dar-lhe um tributo máximo de louvor? Por isso nas ladainhas o coração piedoso se efunde em transbordamentos líricos: "Vaso insigne de devoção, Rosa mística, Casa de ouro, Porta do céu, Estrela da manhã", e assim por diante.

Aqui, mais que mario-logia, dever-se-ia falar em **mari-*eulo*gia**. A exaltação de Maria **precedeu** a reflexão sobre ela. Antes de ser objeto de reflexão, Maria foi objeto de veneração e amor. Antes de ter sido pensada, essa Mulher foi amada, louvada e rezada. Em mariologia, a experiência precede amplamente o discurso. A incubadora da mariologia foi o coração e não o cérebro. As mais profundas intuições mariológicas surgiram de um entranhado amor a Maria, como se observou em Agostinho, Ambrósio, Anselmo, Boaventura, Scotus (ANDRIANOPOLIS. In: INMACULADA, 1983: 65-84 – aqui p. 82, nota 55). E isso é tanto mais verdade quanto mais afetiva é a figura que está em jogo. Ora, Maria aparece sob figuras com fortíssima carga emocional, tais as de Mãe, Socorro, Advogada, Rainha.

Claro, o "discurso amoroso" em mariologia tem de ser manejado com **prudência crítica**, para não levar a uma mariologia **fantasiosa**. A figura de Maria corre sempre o risco de se tornar a "tela de projeção" de nossos desejos, sempre ambíguos. São Bernardo e São Boaventura diziam que a Santa Virgem não precisa de nossas mentiras para se fazer honrar (cf. SCHILLEBEEKCX, 1966: 6-7). Portanto, a mariologia deve operar **dentro de um quadro definido**: é a economia divina da criação e da graça. São, no concreto, os "princípios limitantes" que vimos acima. É com esses que os "princípios abertos", que exprimem a "lei do amor", devem sempre ser "dialetizados". Eles têm que estar amarrados à "positividade" da fé mariológica para poderem realizar seus voos livres sem o perigo de se desagarrarem e se perderem nas nuvens do misticismo.

É sobretudo a Sagrada Escritura que constitui o quadro geral dentro do qual deve "jogar" a mariologia. Mas se o quadro bíblico adjudica à mariologia seus limites dogmáticos, garante-lhe ao mesmo tempo o espaço próprio de mistério. É como uma janela: se por um lado dirige a visão numa direção determinada, por outro abre para o horizonte sem fim. Talvez se possa pensar isto: que a Escritura em Mariologia opera apenas como "princípio de falsificação", no sentido de que tudo o que na mariologia entra em contradição com a Palavra de Deus deve ser rejeitado. A Bíblia não precisa ser "princípio de fundamentação" no sentido de que só seria válido o que "tem base" nela. Em outras palavras, em mariologia a Bíblia seria "instância reguladora" ou crítico-negativa, e não necessariamente "instância constitutiva" ou positiva. Daria o *nihil obstat*, mas não necessariamente o *imprimatur*. Isso parece evidente nos dois últimos dogmas marianos, como mostrou G. Soell (1981, § 11 e 12: 318-381). Eles não se encontram formalmente nas Escrituras, mas apenas materialmente. Por outras, provam-se não **em base às** Escrituras, mas **a partir das** Escrituras.

Portanto, o mistério de Maria na Igreja, embora pertença ao campo da **razão** (daí a legitimidade de uma "teologia mariológica"), pertence sobretudo ao campo do **coração** e da liberdade que é a sua. Por isso, esse mistério não pode ser imposto sem mais. Certamente Maria é parte **constitutiva** da fé cristã, mas faz sobretudo parte do "lado luxo" do Cristianismo. É, na linguagem do povo, "coisa de gente fina". Sem o *esprit de finesse* de que falou Pascal não se entenderá grande coisa do "segredo" de Maria. Por certo, os dogmas marianos são verdades de fé, que têm seu preço; mas são também e sobretudo joias preciosíssimas, que valem por sua beleza e pelo encanto que produzem. São presentes "muito especiais": mais dons para se oferecer do que dogmas a se impor. Por tudo isso é importante distinguir na mariologia "o que a fé exige" e "o que a devoção permite", como diz o documento ecumênico sobre Maria do Grupo de Dombes (In*: Il Regno-documenti*, n. 3 (1998), p. 95-120 e n. 5 (1998), p. 183-200). A fé dogmática mostra o **limite mínimo**, exigido de todos os cristãos; já a devoção é a amplidão aberta e livre para os voos apaixonados do amor. A devoção amorosa, como não pode ser **imposta**, também não pode ser **impedida**. Se a fé tem suas exigências dogmáticas, válidas para todos, a devoção tem suas liberdades, deixadas ao gosto de cada um. Como escreveu o poeta gaúcho Mário Quintana:

> "Há três coisas neste mundo
> Cujo gosto não sacia...
> É o gosto do pão, da água
> E o do nome de Maria" (1989: 70).

II
Maria no Novo Testamento

Síntese da mariologia de cada evangelista

1. MARCOS (± 60): **Maria = mãe clânica ou carnal do Messias**

No primeiro evangelho escrito Maria aparece como imersa no meio do seu clã. Tem **apenas um nome**, não um perfil definido. É ainda uma figura "sem relevo", insignificante. Não tem uma personalidade, mas é mera função. Quando parece emergir, é restituída à **irrelevância**: "Quem é minha mãe?" (Mc 3,33). "Não é Ele o filho de Maria?" (Mc 6,3).

Mc tem apenas uma "mariologia a estaca zero", uma "mariologia a-mariológica". Para ele, "Maria é como uma *mulher qualquer*". É, na verdade, a mariologia dos "crentes" e dos agnósticos. *Paulo* (Gl 4,4) tem uma visão (a-mariológica) parecida.

2. MATEUS (± 70): **Maria = mãe virginal do Messias, segundo as profecias**

Em Mt, Maria emerge como uma "personagem" importante da História da salvação (cf. genealogia). Maria é mais que mera mãe clânica (Mc): tem uma relação privilegiada e mesmo exclusiva com Cristo. É toda *cristocentrada*: é inteiramente de e para Cristo.

Pela sua **virgindade**, é testemunho e sacramento do Messias, de sua origem e de sua natureza divina. Não possui, contudo, ainda um "rosto" próprio, uma **personalidade** autônoma. É mais "mãe funcional" do Messias, do que "mãe pessoal".

3. LUCAS (± 80): Maria = mulher livre, a crente por excelência e a mãe do Messias

Em Lc Maria já é uma "personalidade": mulher responsável, autônoma, determinada. Tem um rosto, um perfil, um caráter. Tem, em suma, uma identidade própria. De entrada, coloca-se, por assim dizer, frente a frente com Cristo. Relação polarizada, tensa, mas finalmente (e totalmente) acolhedora.

Se Maria é um "ser para o outro" – Cristo –, só o é a partir de seu "ser para si", em força de sua liberdade. Se é toda de Cristo, não o é por natureza ou destino, mas por decisão pessoal. É, portanto, uma figura "destacada", bem personalizada, bem individualizada. É pessoa que caminha, cresce e se determina.

4. JOÃO (± 90): Maria = mediadora da fé (Caná), mãe da Comunidade (sob a Cruz) e figura da Igreja e da nova Criação (Ap 12)

No corpo joaneu, Maria é mais que mera personagem (missão) e até mais que uma personalidade (pessoa): é "personalidade corporativa". Seu significado supera sua pessoa individual. Ela possuiu uma imensa radiância ou ressonância simbólica: Ela representa a Comunidade eclesial, a Humanidade salva, o Cosmo redimido.

João tem uma "alta mariologia", uma "mariologia simbólica". A Maria de João transcende infinitamente Maria de Nazaré, porém, incorporando-a.

Como se vê, há um *crescimento* impressionante nos evangelhos quanto ao entendimento do mistério da Virgem. E o processo continuou depois e continua ainda hoje. O século XX foi chamado por

Pio XII o "século de Maria", enquanto São João Paulo II falou em "tempos marianos". Puebla se refere à "hora de Maria" (n. 303). Mas já no século XVIII, São Luís M.G. de Montfort proclamava a "era de Maria", assim como fez também, no século seguinte, o Beato Chaminade, fundador da Sociedade de Maria (marianistas).

1.A. Mariologia de MARCOS

Mc fala **pouco** de Maria. São só três *textos*, nos quais Ela apenas emerge como pessoa. (Seguir as explicações abaixo com o respectivo texto diante dos olhos.)

Mc 3,20-21: Os parentes de Jesus vêm para detê-lo

1. "Os seus (*par'autoû*), sabendo disso..."

Trata-se dos familiares, dos parentes de Jesus. É a família tradicional, a "família clânica". Naquele tempo, os laços de *sangue* eram da maior importância (cf. o interesse pelas genealogias). Os "seus" estão chocados, pois Jesus está "criando caso", está "dando o que falar". O "mistério" de Jesus é sentido como abalo, como escândalo.

Maria não é citada nominalmente, mas devia *estar no meio* da "parentada" de Jesus, como se entrevê na sequência do relato (3,31). Isso não deixa de ser chocante, tanto assim que Mt e Lc omitem esse relato, porque acham-no comprometedor.

2. "...vieram para detê-lo"

O pequeno grupo dos parentes de Jesus parte de Nazaré para Cafarnaum. São cerca de 35km, ou seja, um dia de viagem. A mãe está no meio, sabe lá com que sentimentos.

Vieram, não propriamente para "prender" Jesus, mas para "detê-lo", isto é, apoderar-se dele sem violência, como convém com "gente da família". Para que isso? Para convencê-lo a voltar à razão. Os familiares de Jesus querem "chamá-lo às falas" e, quem sabe, levá-lo de volta para casa.

3. "Está fora de si" (*exéstee*)

Não é no sentido *clínico*: "ficou louco". Também não é no sentido da *possessão*, como dirão em seguida os escribas: "É possuído por Beelzebul" (v. 22). É mais no sentido largo e analógico, como quando se diz, para falar de um comportamento *estranho*, anormal, beirando o escândalo: "Ficou louco, pirou" (cf. 2Cor 5,13). A razão é que Jesus, sendo Deus, era um mistério: o mistério de Deus revelado na carne, realidade que supera toda a compreensão humana, também a de Maria.

Mc 3,31-35: "Quem é minha mãe...?"

O texto está certamente em conexão com o anterior, sendo sua continuação. Mostra-o a presença de dois procedimentos estilísticos de Marcos: 1) *ir do indeterminado ao determinado*: passa dos "seus" em geral para "sua mãe e seus irmãos" em particular; 2) *a técnica do encaixe*. Assim, o episódio da hemorroíssa (5,25-34) vem inserido no relato da ressurreição da filha de Jairo (5,21-43). Aqui, é a história dos escribas, acusando Jesus, que é encaixada.

1. "Chegaram sua mãe e seus irmãos"

Mc agora não diz que vieram para "detê-lo", mas apenas para "chamá-lo", "procurá-lo" (vv. 31s.). Nomeando a Mãe, parece que Mc entende *distingui-la* dos "seus" em geral.

Se for mesmo assim (mas não é seguro), a impressão antimariana, que o relato anterior poderia suscitar, se atenua, abrindo caminho para sua eliminação completa, como farão depois os outros evangelistas (cf. Mt 12,46-50; Lc 8,20).

2. "Quem é minha mãe...?"

Com essa pergunta Jesus quebra a expectativa corrente e introduz um elemento de surpresa ("técnica da desfamiliarização"). Aí a família de sangue fica radicalmente "relativizada", embora não de todo supressa.

De resto, o corte afetivo e espiritual – sempre dolorido – em relação à família é um tema transversal em Mc (cf. Mc 1,16-20; 13,12). Essa exigência vale também para a Mãe do Mestre. Ela também, *enquanto mãe*, não tem para Cristo maior importância, vista na ordem em que Ele se põe: a do Reino, a da vontade soberana de Deus. Só se pode imaginar o sentimento de Maria ao ver-se tratada assim, em sua humaníssima preocupação pelo filho.

3. "Os que estavam sentados ao seu redor... os que fazem a vontade de Deus"

Jesus aponta agora para sua "nova família", comunidade que já é embrião da Igreja: são os que "fazem a vontade de Deus". Tal é a revelação/revolução de Jesus. Ele rompe os laços de sangue, tão importantes na época. Daí também o choque e o escândalo que tal proposta podia suscitar, principalmente entre os "seus".

E Maria em tudo isso? Mc nada diz da reação pessoal de Maria. Não diz, sequer alusivamente, que tenha "assacado" o golpe do escândalo do Filho, mas nem que tenha sucumbido ao mesmo. Saberemos apenas por Lucas que ela ficava "meditando" (2,51) e que cria, apesar de tudo (1,38.45). Quanto a Mc, nada (ou quase) suspeita da grandeza espiritual que se esconde nessa Mulher única.

Mc 6,1-6: Jesus em Nazaré: "Não é este o filho de Maria?"
1. "Um profeta só é desprezado em sua pátria, entre os seus parentes e em sua **casa**"

Será mesmo que Jesus, como profeta, é "desprezado" também "em sua casa", por sua própria mãe? De novo, Mc se mostra a-mariológico: não diz nem sim nem não. Nem por isso fechou a porta para o significado mais profundo, isto é, espiritual da missão de Maria, coisa que os outros evangelistas iriam fazer.

2. "Não é ele o filho de Maria?"

É a primeira vez que Maria é nomeada. É referida ao lado dos outros membros do clã, identificada com sua parentela, "perdida" nela, sem nenhum destaque particular.

Que significa "filho de Maria" (6,3)? É uma referência estranha e única no NT. No resto dos evangelhos se dirá "filho de José" (*ben ou bar Josef:* Lc 3,23; 4,22; Jo 1,45; 6,42). Mt inclusive vai atenuar com a fórmula indireta: "Não é Maria sua mãe?" (Mt 13,55).

Por que se cita aqui a mãe, e não o pai como era costume?

1. Seria uma *expressão de difamação*. É como dizer que Jesus é "filho bastardo", "filho ilegítimo", talvez "filho de mãe solteira". A isso aludia uma lenda judaica anticristã que atribuía o nascimento de Jesus a uma relação ilegal ou adulterina, como faz o Talmud, quando fala de Jesus como sendo *ben Pantera*, isto é, filho de um soldado romano (através da deformação de *Parthenos*, virgem). A isso faria alusão também João (8,41). Mas essa interpretação é pouco provável, pois José "tinha entrado no caso por nada": era justamente para garantir que Maria e seu filho eram realmente "gente decente";

2. Ou seria *expressão de descrédito e desprezo*. É como se os Nazarenos dissessem a Jesus: "Quem você pretende ser? Se manque! Sua mãe é uma Maria qualquer". Esta parece ser a hipótese mais provável. Portanto, "filho de Maria" seria uma expressão desdenhosa e, com isso, marca da *kenose* (humilhação) do Filho de Deus.

Resumo da mariologia de Mc

1. Marcos é ainda ignorante da grandeza espiritual de Maria

Para Mc, Maria era tão somente a *mãe carnal* ou clânica de Jesus. A sua é uma mariologia elementar, primária, primitiva. Mc ainda não sabe nada da dignidade teológica da mãe de Jesus. É um ignorante em mariologia. Dá-nos uma "Maria sem mariologia", uma "mariologia a-mariológica", no sentido privativo, como, aliás, Paulo (Gl 4,4). Em ambos Maria é reduzida à sua função *biológica* e *social*. Mc, porém, não chega a ser "antimariológico", como afirmaram alguns estudiosos.

A **lição** que fica para nós é que o "mistério de Maria", em seus inícios, era tão obscuro que ficou praticamente invisível. O primeiro evangelho escrito sequer *suspeita* do Mistério que envolve Maria e que os evangelistas seguintes porão paulatinamente à luz.

2. Para Mc, Maria parece como ignorante da grandeza de Jesus

Mc nos diz que Maria, como todos os outros membros de seu clã, não compreendeu logo Jesus e sua missão. Não só Mc é ignorante do "mistério de Maria", mas ele dá a entender que Maria era ignorante do mistério de Jesus.

A **lição** que fica para nós é que Maria começou sua *peregrinação de fé* (cf. LG 58) praticamente do nada, do ponto zero. Ela foi crescendo a partir da obscuridade: *ex tenebris in lucem*, segundo o epitáfio do Beato John H. Newman.

Por isso mesmo, Mc tem que ser lido sinoticamente, ou seja, *junto com* os outros evangelistas. O possível "valor pastoral" de sua mariologia é que, embora rasteira e irrelevante, ela serve para nós de instância crítica no sentido de precaver-nos de pôr a grandeza de Maria nos dados puramente *biológicos* (porque genitora) ou nos traços *socioculturais* (porque mãe clânica). Por reação dialética, Mc nos provoca a superar seu "a-mariologismo" para descobrir a importância *teológica* da Mãe do "Filho de Deus" (Mc 1,1).

1.B. Mariologia de PAULO

Colocamos logo aqui a "mariologia" de Paulo, um pouco anterior à de Mc e parecida com a dele. O Apóstolo também tem uma mariologia quase tão *elementar* como a de Mc. Seu único texto mariológico é Gl 4,4: "Feito de **mulher**... a fim de recebermos a adoção filial".

Gl foi escrita cerca de 56-57. É o primeiro texto mariano do NT. Quem sabe Maria estivesse ainda viva. Tê-la-ia visto Paulo em Jerusalém? É possível. Que dizer de Gl 4,4?

1. Seu sentido mariológico é *genérico*. "Nascido de mulher" (*genómenon ek gynaikós*) indica simplesmente a "condição humana", especialmente em seu aspecto fraco e mortal. Paulo não diz exatamente "nascido", mas "feito", talvez para dar a entender que o Filho preexistia desde sempre; Ele não vinha do nada.

2. "Feito de mulher" é uma expressão da *kenose* (humilhação ou esvaziamento) de Cristo. Corresponde a outras expressões paulinas, como "fez-se maldição" (Gl 3,13), "fez-se servo" (Fl 2,5-8), "fez-se pecado" (2Cor 5,21). Por outras: ser "filho de mulher", fosse essa mulher Maria, não era para Jesus sinal de glória, mas antes de humilhação.

3. O interesse do texto é estritamente *cristológico*. É Jesus o foco de todo o texto, sendo Maria apenas figura de *contraste* em relação à "filiação divina", tanto a de Jesus como a nossa. Portanto, só *indireta* e incidentalmente Gl 4,4 é mariológico. Além disso, Maria, nesse texto, permanece *anônima*: não é nomeada, mas apenas designada como a "mulher" – uma mulher como qualquer outra, sem uma identidade pessoal. Maria só entra aí em função de Cristo, como instrumento quase impessoal de sua vinda.

4. Assim mesmo, pode-se sustentar que Gl 4,4 contém uma mariologia *"germinal"*. Pois mesmo se, como Mc, Paulo,

em sua mente, não atinou com o "mistério" de Maria, seu texto carrega *objetivamente* uma mariologia "em germe". Falamos aqui do *sensus plenior* (sentido mais pleno) de Gl 4,4, isto é, do sentido querido pelo ES (cf. DV 12,3: "segundo o Espírito"). Aí tem razão G. Söll quando afirma: "É o texto mariológico mais significativo do NT". Eis, pois, alguns **dados mariológicos básicos** que se podem depreender de Gl 4,4:

- No arco da História da salvação, Maria se situa precisamente no tempo do *pléroma* (plenitude). Seu lugar é, pois, no "centro escatológico" (definitivo) da história.

- Ela está estreitamente relacionada com o *Filho* e com seu "envio". Aqui a mariologia aparece como absolutamente cristocêntrica. O Filho de Deus torna-se filho de Maria. Ela serve de *caminho* para a vinda de Deus até nós em seu Filho.

- É Maria que possibilita a "*adoção filial* " (*huiothesía*), conceito exclusivo de Paulo (cf. Rm 8,15.23; 9,4; Ef 1,45). Assim, o Filho, que "nasce sob a Lei para redimir da lei", faz-se igualmente "filho de uma mulher", com o fim de fazer do ser humano "filho de Deus". Assim, essa Mulher é também o caminho pelo qual vamos a Deus.

2. Mariologia de MATEUS

Se Maria em Mc era como uma semente sob a terra, em Mt já é um broto. O cerne da mariologia de Mt é: *Maria é a Mãe virginal do Messias salvador.*

Mt 1,1-16: Genealogia de Jesus

A genealogia de Mt quer destacar os seguintes pontos:

1. Como *descendente de **Abraão**,* Jesus é membro do Povo de Israel. Mt enfatiza isso porque escreve para judeu-cristãos. Além disso, como *descendente de **Davi**,* a casa real, Jesus é herdeiro das promessas messiânicas. Essas repousavam justamente sobre a dinastia davídica (2Sm 7,16), à qual pertence José, que Mt chama "filho de Davi". Quer dizer, adotando na lei e na fé a Jesus como filho, José o introduz diretamente na linha das promessas messiânicas (Mt 1,16).

2. Digno de nota é que, em sua genealogia, Mt cita *cinco mulheres.* E não se trata das grandes Matriarcas, mas de mulheres vivendo em situação irregular ou excepcional: 1) *Tamar* (Gn 38), a falsa prostituta; 2) *Betsabé,* com quem Davi adulterara; 3) *Rahab,* a prostituta estrangeira (Js 2); 4) *Rute,* a estrangeira que casou com o velho Booz (Rt 4); 5) *Maria,* a suprema irregularidade: a virgem que se torna mãe.

   Por que essa referência a cinco mulheres *estranhas*? É para sublinhar que a História da salvação é conduzida pela *soberania* de Deus e por mais ninguém. É para mostrar por que caminhos e descaminhos passou o Messias para chegar até nós e carregar, assim, os pecados da história humana.

3. A *grande ruptura* ou "virada" da linha genealógica: é o que há de mais notável na genealogia de Mt, em seu final, quando o curso natural das gerações, chegando a José, se interrompe bruscamente, dá uma guinada para o lado da mulher e desemboca no Messias esperado. Maria é esse "ponto de inflexão" a partir do qual tem início uma *outra genealogia,* a da "nova humanidade", aquela gerada segundo o Espírito, fato esse que é sinalizado justamente pela virgindade da jovem galileia.

   Não se pode deixar de notar a extrema relevância, verdadeiramente "revolucionária", que tem, do ponto de vista *feminista,* esse modo de colocar a genealogia. A nova genealogia, inaugurando a "nova história" da graça, passa pela Mulher, não pelo Varão, que dominou e continua a dominar a cena da "velha história" do pecado.

Mt 1,18-25: O anúncio a José

Todo o relato se concentra, não, como parece, na questão da concepção *virginal* do Messias no seio de Maria, mas na ascendência *davídica* de Cristo através de José. Este é aqui o protagonista, não Maria como em Lucas. Por que José? Porque Mt escreve para os judeus, que esperavam, como Messias, um davídide. Mas, como se trata de uma ascendência "segundo o Espírito" e não "segundo a carne", entra também a Virgem, mas como por tabela. De todos os modos, ambos, José e Maria, estão a serviço do Redentor.

1. "Maria... fora prometida em casamento a José" (v. 18a)

Maria era "noiva" de José. Entre os hebreus, a noiva tem todos os deveres e direitos da esposa legal: fidelidade, auxílio mútuo, assunção de uma eventual gestação etc. O noivado hebraico corresponde ao nosso casamento *ratum non consummatum*.

2. "Grávida por obra do ES" (v. 18b)

Trata-se de uma concepção "pneumática" ou "espiritual", isto é, realizada "por obra do ES", expressão que volta duas vezes (v. 18 e 20). O foco central não é mariológico, mas cristológico. Embora não excluída, mas antes implicada, a Virgem aí está num papel subalterno, subordinado a Cristo. Sua virgindade é uma seta que aponta para o Filho de Deus. A concepção virginal diz respeito, primeiro, a *Jesus*, e só depois a Maria.

3. "José, seu esposo, sendo justo... quis deixá-la em segredo" (v. 19)

Por que José se afasta de Maria? Questão controversa. Ele sabe ou não sabe da concepção virginal? Se não sabe, é por prudência, por perplexidade, como pensa São Jerônimo, e essa é a interpretação mais comum. Mas se sabe, então é por reverência, por humildade. José não se julgava digno de ser esposo de tão grande mulher, tocada que fora pelo Espírito, à semelhança de Pedro quando, ao ver na pesca milagrosa a grandeza divina de Jesus, disse: "Afasta-te de mim, Senhor, pois sou pecador". Essa é a opinião de grandes Doutores, como São Bernardo, Santo Tomás e Santo Antônio.

4. "E lhe porás o nome de Jesus" (v. 21)

Impor o nome a um bebê é *assumi-lo* como filho. Isso faz de José o "verdadeiro pai" de Jesus, como afirma uma psicanalista católica:

> É preciso dizer que, frequentemente, se faz confusão entre pai e genitor. O homem precisa de três segundos para tornar-se genitor. Ser pai é uma aventura de outra natureza. Ser pai é dar o próprio nome a seu filho, é pagar com seu trabalho a subsistência dessa criança, é educá-la, instruí-la, chamá-la para mais vida... É muito diferente de ser genitor. Melhor, talvez, se o pai é genitor, mas, você sabe, só existem pais adotivos. Um pai deve sempre adotar seu filho. Alguns adotam sua criança ao nascer, outros alguns dias depois, mesmo algumas semanas mais tarde; outros irão adotá-la quando falar etc. Só existem pais adotivos (DOLTO, 1986: 11).

5. "Eis que uma virgem conceberá e dará à luz um filho..." (v. 23)

A virgindade de Maria é um "dado" mateano seguríssimo, em base ao qual a teologia ulterior desenvolveu seu significado teológico mais amplo. Trata-se de uma virgindade *real* e *integral*: do corpo, dos sentidos e da mente, e não apenas simbólica. É referida em Mt 1 nada menos que quatro vezes: nos vv. 18, 20, 23 e 25.

6. "E despertando do sono, José... recebeu em sua casa sua esposa" (v. 24)

Doravante, José convive com Maria como sua verdadeira e legítima esposa (Mt 1,25). Como José é "pai verdadeiro" (embora ou, melhor, porque adotivo) de Jesus, assim ele é também o "verdadeiro esposo" da Virgem. E esta é chamada por Mt de "esposa de José" (Mt 1,20.24).

De fato, o que faz a essência do casamento é o *consensus*, ou seja, o amor, e não o *concubitus*, isto é, a relação sexual. Em outras palavras, o que faz o casamento é sobretudo a "união dos corações" e não apenas a "união dos corpos" (cf. JP II, *Redemptoris custos* 7,5). Ora, no casamento de José e Maria havia "união *conjugal*", embora não "união sexual", o que é bem outra coisa. Agora que José tenha sido um verdadeiro companheiro responsável e amoroso da Virgem mostram-no claramente os episódios da infância de Jesus, onde aparece unidíssimo à esposa.

7. "E não a conheceu até que ela deu à luz..."

A expressão "não a conheceu *até*" é um semitismo que vale somente para o *passado*, no sentido de "sem que ele a conhecesse...", como faz a TEB. Isso fica claro, por exemplo, na afirmação: "Micol... não teve (mais) filhos até o dia de sua morte" (2Sm 6,23; cf. também 1Sm 15,35: "Samuel não voltou a ver Saul até o dia de sua morte").

Mt 2,10-20: Visita dos magos e fuga para o Egito

O episódio dos magos não é propriamente história, mas *midrash*, isto é, uma história construída para fins de *edificação*. Isso, contudo, não impede que o *midrash* tenha arrancado de um núcleo *histórico*, proveniente de reminiscências familiares. Mateus segue aqui o estilo da exegese rabínica, feita de evocações e ressonâncias. Podemos destacar três linhas de sentido mariológico na estória/história dos magos:

1. "Eis que magos, vindos do Oriente, chegaram a Jerusalém"

Maria aqui aparece como *a nova Jerusalém e o novo Templo*. O relato dos magos *evoca* Is 60, que descreve Jerusalém toda iluminada, feita centro do mundo e para a qual se dirigem os Povos da terra com seus reis, trazendo suas riquezas (é justamente a 1ª leitura da missa romana da Epifania). A essa luz, a Virgem-mãe emerge como a nova Capital sagrada. É para Ela que se dirigem os Povos para encontrar o Rei salvador (o que, aliás, se verificará com os futuros santuários marianos). Onde encontrar Jesus? Em Maria.

É Ela agora a *sede* ou o trono do novo Rei. Ela é o novo *templo*, onde habita Deus e onde é adorado. A Igreja do Oriente sublinhou muito este sentido. Por exemplo, numa igreja de Istambul se vê Maria fazendo dos braços o trono de Jesus e levando esta escrita: "O lugar do Sem-lugar".

2. "Entrando na casa, viram o Menino com Maria, sua mãe"

Maria aqui emerge como a *rainha-mãe*. Essa é uma "cena de corte", como viram os grandes artistas que a retrataram "com pompa e circunstância". Aí Jesus-menino aparece como o "rei dos judeus" e também rei das nações. E é a esse título que recebe também as homenagens reais: a prostração e a entrega de dons, caracterizados pela excelência.

Aí a Virgem? Ela, sustentando o filho real em seus braços, faz o papel de Rainha-mãe, de Regente. O Povo o sabe, ele que coroa a Virgem ao termo do mês de Maria. A figura da *ghebirah*, rainha-

-mãe, no mundo bíblico, é muito importante, mais do que a da rainha-esposa. Tomemos, por exemplo, o caso da rainha Betsabéia: como rainha-*esposa*, é ela que "se inclina e se prostra diante do rei" (1Rs 1,16), Davi, seu esposo; já como rainha-*mãe*, é o rei Salomão, seu filho, que "se prostra diante dela" (1Rs 1,19).

3. "O menino e sua mãe"

Maria, enfim, se mostra **companheira inseparável do Filho**. É notável o fato de que Mt use nada menos que quatro vezes esta expressão (Mt 2,11.13.14.20). Isso denota a "comunhão de destino" de Maria com o de seu filho. Ela aparece como "companheira do Redentor" (*leitmotiv* de *Lumen Gentium* 57-58). Quer dizer: Maria participa da carreira humana e salvífica do Messias numa "extraordinária proximidade".

3. Mariologia de LUCAS

Sintetizando a mariologia de Lc, poderíamos dizer que este evangelista enfatiza a figura de Maria como a mulher *de fé* por excelência. Se para Mt Maria é sobretudo uma personagem (com um papel imenso na história da salvação), para Lc Maria é também uma personalidade (muitíssimo especial, com sua idiossincrasia). Lc põe nisso um antes e um depois: *antes*, a Virgem aparece como uma mulher *livre*, que aceita consciente e responsavelmente a Palavra de Deus; *depois*, Ela surge como a *Mãe do Senhor*, precisamente a partir de sua aceitação de fé.

Os textos lucanos mais importantes concernentes a Maria são três: 1) Anunciação, 2) Visitação, 3) *Magnificat*. Vamo-nos deter nestes. Quanto à dezena de textos menores, bastará apenas uma referência na parte final.

1) Lc 1,26-38: *Anunciação*

Este é o texto relativo a Maria **mais importante** de todos. Razões: 1) é o texto mais prenhe de sentido mariológico, representando uma cena evangélica em que a Virgem está no centro, como a grande *protagonista*; 2) é o texto que traça da forma mais nítida o retrato humano e espiritual de Maria; 3) é o texto mariano mais usado na Liturgia; 4) é o texto mais citado pelos Padres da Igreja; 5) é o texto que retrata a cena mariana mais pintada pelos artistas.

Comparemos, logo de início, o Anúncio a Maria com o Anúncio a Zacarias, com o qual forma um díptico, que revela os seguintes *contrastes* entre cá e lá: mulher/varão, jovem/ancião, virgem-noiva/casado, leiga/sacerdote, Nazaré/Jerusalém, casa/Templo, quotidiano/liturgia, crente/incrédulo, filho-messias/filho-precursor, filho-iniciativa-do-Alto/filho-resposta-à oração, canto antes do nascimento/canto depois do nascimento.

1. "No sexto mês, o anjo Gabriel foi enviado por Deus"

Aqui, na Anunciação a Maria, Gabriel aparece como o grande embaixador de Deus para o "tempo novo" que está por vir (Dn 8 e 9). Ele vem tratar com Maria, uma pobre moça da Galileia, da *causa máxima*: a "obra dos séculos" (São Pedro Crisólogo), isto é, a salvação do mundo. Impressiona ver que a interlocutora do Anjo do Senhor não é um homem, mas uma mulher, e uma mulher pobre.

Enquanto o arcanjo Gabriel é, nessa altíssima negociação, o *representante* da parte de Deus, Maria o é da parte da humanidade, como diz Santo Tomás: "Pela Anunciação se esperava o consenso da Virgem no lugar de toda a natureza humana". Assim também o viu com imenso patetismo São Bernardo num célebre sermão sobre a Anunciação.

"Ouviste, ó Virgem... O Anjo aguarda a tua resposta... Também nós, Senhora, esperamos a tua palavra de misericórdia... Ó Virgem piedosa, o pobre Adão... implora a tua resposta. Implora-a Abraão, implora-a Davi. [...] Toda a humanidade, prostrada a teus pés, a aguarda. [...] Responde depressa, ó Virgem. Pronuncia, ó Senhora, a palavra esperada pela terra, pelos infernos e também pelos céus. [...] Por que esperas?... Por que demoras? Por que hesitas? [...] Levanta-te, corre, abre!" (SÃO BERNARDO DE CLARAVAL, 1999: 73-74. *Sermão* 4,8: PL 183, 83-84).

2. "...a uma cidade da Galileia chamada Nazaré"

Maria é uma mulher da "Galileia dos gentios" (Mt 4,15), região mestiça e pouco ortodoxa, desprezada pelos judeus da capital. Além disso, é de Nazaré, vilarejo obscuro, desconhecido em toda a Bíblia, no Talmud e em Flávio Josefo. É realmente uma vila do interior, "lá onde o diabo perdeu as botas", além de mal-afamada (Jo 1,46).

3. "...a uma virgem..."

Será "virgem" ou simplesmente "jovem", como traduz a TEB? O texto original traz *parthénos*. Ora, o termo grego, língua comum do tempo (*koinê*), indicava com esse nome uma moça biologicamente virgem. Mas esse termo podia designar também qualquer mulher "descomprometida", isto é, sem marido, ainda que não fosse virgem ou mesmo que fosse prostituta. As Amazonas, por exemplo, eram chamadas o "Povo das virgens". Mas não é este, evidentemente, o caso de Maria de Nazaré.

4. "E o nome da virgem era Maria"

Já que, entre os hebreus, o nome carrega um sentido, indicativo da missão de seu portador, poderíamos perguntar o que significa "Maria". É um nome misto, cuja raiz egípcia *mri* quer dizer *amada, querida, preferida*; e cuja desinência hebraica *ya* é naturalmente a abreviação de *Yahweh*. O nome *mri* + o nome de um deus, por exemplo, *Râ* ou *Ptah*, não era raro entre os egípcios, como se vê até hoje nos monólitos. Em nosso caso, "Maria" significaria "Amada de Javé". É a tese de Franz Zorell, de 1906. Na verdade, a Virgem era chamada no dia a dia de *Mariam*, forma aramaica de *Miryam*.

5. "Alegra-te"

Chaire: é a saudação jubilosa, inspirada nos oráculos messiânicos dos profetas pós-exílicos: Zacarias (2,14-15; 9,9-10) e Joel (2,21.27). É principalmente Sofonias (3,14-17) que ressoa em todo o relato lucano, como mostra o confronto seguinte:

Sofonias 3,14-17	Lucas 1,28-33
1. "Alegra-te..., filha de Jerusalém" (v. 14)	"Alegra-te, ó cheia de graça" (v. 28)
2. "O Senhor... está no meio de ti" (v. 15c)	"O Senhor está contigo" (v. 28)
3. "Não temas, Sião" (v. 16)	"Não temas, Maria" (v. 30)
4. "O senhor, teu Deus, está em teu seio" (v. 17)	"O Senhor está contigo" (v. 28) "Conceberás em teu seio" (v. 31)
5. "Salvador poderoso" (v. 17)	"E lhe darás o nome de Jesus" (= Deus salva) (v. 31)
6. "Rei de Israel" (v. 15c)	"Ele reinará sobre a casa de Jacó" (v. 33)

Esse paralelismo mostra que Maria personifica todo Israel, chamado aqui "Sião". Ela é o "Povo de Deus concentrado". Representa, pois, o Povo da Aliança e, através dele, toda a humanidade e, diria mesmo, toda a Criação, que espera e responde em Maria.

6. *Kecharitoomènee*: cheia de graça

É um *hápax* (palavra única): só aparece aqui no NT. É o particípio passado perfeito, indicando uma ação que permanece. Significa a-gracia-da, plenificada ou transbordante de graça. Em grego é diferente de simplesmente "cheio de graça", que se aplica, em sentido naturalmente diferenciado, a Jesus (Jo 1,14) e a Estêvão (At 6,8).

Em Lc o termo "cheia de graça" está em lugar do nome próprio. O anjo não diz, como costumamos, "Ave, Maria", mas "Exulta, *kecharitoomènee*!" É como se este apelativo definisse Maria diante de Deus. *Kecharitoomènee* é uma expressão tão nova e estranha que deixa Maria perturbada e pensativa. Aí está a *semente* do dogma da Imaculada conceição.

7. "Ela ficou intrigada... e pôs-se a pensar qual seria o sentido..."

Humanamente falando, Maria aparece dotada de uma subjetividade rica, interrogativa, reflexiva. É uma mulher consciente, responsável, diríamos hoje "madura".

Ela encarna a figura do "sábio", que "medita na Lei do Senhor dia e noite" (Sl 1,2). Ela tem a psicologia própria da pessoa "crente" por excelência, que pensa nas coisas misteriosas de Deus, como insiste Lc (2,19.51). Nesse sentido, Maria é também a figura do teólogo, em sua busca da "inteligência da fé" (*intellectus fidei*).

8. "Tu lhe porás o nome de Jesus"

"Impor o nome" é um ato de autorresponsabilização. Assim foi com Adão em relação aos animais no Paraíso (Gn 2,19-20). Portanto, "dando o nome" ao filho, Maria assume, contra os costumes da época, a responsabilidade do mesmo. Aqui a figura do homem é descartada. Em Mt era diferente: para ele, é José, como quer a tradição, que imporá o nome a Jesus (Mt 1,21).

Que significa "Jesus"? O nome com que Maria chamava o filho *Ieshuah* (em hebraico ישׁוּע), abreviação tardia do originário *I'hoshuah*, significa "Javé (é ou dá) salvação". É justamente o que explica Mateus: "...o nome de Jesus, pois Ele *salvará* seu povo de seus pecados" (Mt 1,21). É um nome bastante comum naquele tempo.

9. "...o trono de Davi seu pai; ele reinará para sempre..."

Referência clara para Maria de que seu filho será o Messias-*rei*, segundo as profecias de 2Sm 7 (dinastia perene de Davi), de Dn 7 ("Filho do Homem", que recebe o Reino eterno) e do Sl 110 ("Disse o Senhor a meu senhor"). Maria compreende que, quanto a ela, vai-se tornar a Rainha-mãe: a *Ghebirah*.

10. "Como se fará isso, se não conheço homem?"

O "como" interrogativo da Virgem é um novo sinal, indicativo de uma personalidade interrogativa, atenta, de olhos abertos. Maria é "do interior", mas não se mostra por isso moça ingênua. "Sabe das coisas", também as que lhe dizem respeito como mulher. Daí a pergunta franca: "Como..., se eu não conheço", isto é, "se eu não tenho relações com homem", pois tal é o sentido do "conhecer" bíblico (Gn 4,1.17.25; 19,8; 24,16 etc.).

Com a pergunta, Maria deixa pressuposto que é *virgem*. Mas será que é apenas "virgem por enquanto" (é só noiva) ou que será "virgem para sempre", como interpretou uma longa tradição, pensando no "voto de virgindade" que a jovem nazarena teria feito?

11. "O Espírito Santo virá sobre ti e o Poder do Altíssimo te cobrirá com sua sombra"

Esse é o vértice do relato, assinalado pela intervenção do Espírito na geração do Messias. O verbo "cobrir com a sombra" ou, melhor, "ensombrear" (*epi-skiá-zein*), evoca a Nuvem misteriosa do Êxodo que "ensombreava" a "Tenda da reunião", transformando-a na Morada de Deus (*Shekinah*) (cf. Ex 40,34 LXX; Nm 10,34). Com estas evocações, Lc parece sugerir o seguinte e maravilhoso sentido: cobrindo a Virgem com sua sombra e tornando-a fecunda do Filho de Deus, o ES transforma Maria na nova *Shekinah*, a nova Casa de Deus. Ela é agora o novo "Tabernáculo do encontro", onde a humanidade pode entrar em comunhão com seu Deus.

O uso por Lc da metáfora "sombra" serve também para advertir que, à diferença das teogonias pagãs, mesmo nas partenogêneses, não há aqui a mais leve sombra de sexo e erotismo, mas tão somente Amor puro e fecundo.

12. "Ele será santo e será chamado Filho de Deus"

Que sabia a Virgem de Nazaré da identidade profunda do Filho? Ela devia conhecer, ou melhor, intuir a identidade divina de Jesus de modo geral e atemático, como num relance, mas não certamente de forma clara, explícita, verbalizada. Isso viria com o tempo: "Ela avançou em peregrinação de fé" (LG 58). Como toda a Comunidade dos fiéis, Ela também caminhou da penumbra para a luz, em direção à "verdade plena" (Jo 16,13).

13. "A Deus nada é impossível"

A encarnação e a virgindade de Maria são *portentos* que se põem na esfera das possibilidades divinas. Fora disso são incompreensíveis. Portanto, não se pode medir esses mistérios com o metro das possibilidades humanas, desvendadas pela razão natural. A virgindade de Maria é apenas um espaço oferecido à fecundidade do *Spiritus creator*.

14. "Eis aqui a serva do Senhor"

Temos aqui mais um traço – o traço mais característico – do perfil psicológico e teológico de Maria de Nazaré: mulher que decide, que assume e que diz "sim" de modo livre e determinado. A sua foi uma fé ativa e obediente. *Prius concepit in mente quam in ventre* repetem os Padres (São Leão, Santo Agostinho etc.). Foi, literalmente, um envolvimento "de corpo e alma".

"Serva" é o único título que Maria se dá – e isso por duas vezes (a outra é no *Magnificat*: Lc 1,48). Esse título não marca a condição social (de escrava), mas a *espiritual*, como autodisposição para Deus: "Como os olhos da Serva... para a mão de seu Senhor..." (Sl 123,2).

15. "Faça-se em mim segundo a tua palavra"

Com seu *fiat* total à Palavra, Maria se mostra a "primeira e mais perfeita discípula de Cristo" (Paulo VI. *Marialis Cultus* 35. • João Paulo II, *Redemptoris Mater* 20). À diferença do imperativo (*gheneethéetoo*), como no "faça-se a tua vontade" do Pai-nosso (Mt 6,10) e também da oração do Horto (Mt 26,42), o optativo "oxalá se faça" (*ghénoito*) indica uma disposição alegre, um desejo ardente, um anseio íntimo para que se cumpra a palavra do anjo, ou seja, o plano do Senhor.

Conclusão da mariologia da Anunciação

1. Maria aparece aí como **figura da liberdade** humana, de uma liberdade que é poder de entrega, mas também de recusa. Ela vive a aventura dramática da liberdade, com seus cumes de luz, mas também com seus vórtices tenebrosos.

2. A Virgem emerge também como imagem de uma liberdade *concreta*, que diz "sim" à Palavra. Por isso Ela é igualmente a **figura da fé**, como ato de uma liberdade que se abre toda à oferta da graça e do amor.

2) Lc 1,39-45: Visitação de Maria a Isabel

1. "Levantando-se, Maria partiu com pressa"

O "levantando-se" mostra a iniciativa autônoma de Maria de partir para as montanhas. Não se diz que tenha avisado o noivo ou quem quer que seja. Empreende por conta própria uma viagem longa de mais de 120km.

"O amor sempre tem pressa": A Virgem é levada pelo amor, seja ao filho que traz no ventre, seja à prima em necessidade, seja simplesmente à vontade de Deus. Essa "pressa" é sinal de solicitude e disponibilidade. Na Visitação a Virgem mostra o que significa ser uma "serva em ação".

2. "Saudou Isabel"

Maria "entra na casa de Zacarias e saúda Isabel" (v. 40). Aqui o varão é deixado de lado e a atenção toda vai de mulher para mulher. De resto, quem atua no proscênio são duas *mulheres*, e mulheres *grávidas*, isto é, agraciadas pelo dom da vida – e que vida!

Maria aparece aqui como a "primeira evangelizadora", que leva, por primeiro, ao mundo a mensagem da Boa-nova: O Messias salvador chegou! Isso, porém, depois de ter sido a "primeira evangelizada", justamente através do Anjo anunciador.

3. "Quando Isabel ouviu a saudação de Maria, a criança estremeceu em seu ventre"

A saudação de Maria é como a que Ela recebeu do anjo: "Alegra-te" (*chaire*). Essa saudação, na boca da Virgem, anuncia e *produz* o que anuncia: isto é, a alegria.

O mexer-se do feto no seio da mãe é a experiência natural de toda mulher em estado de gravidez avançada. Isso, porém, é aqui interpretado como um sobressalto de *alegria*, tal como dirá logo Isabel (v. 44) e, ao mesmo tempo, como um primeiro *anúncio* do Precursor em relação ao Messias. E ambos se encontram ainda no ventre de suas mães. Acresce que, pelo filho, Isabel também reconhece a presença do Messias e, por consequência, reconhece Maria como a "Mãe do Senhor" e proclama tal mistério (v. 44).

4. "Isabel ficou cheia do Espírito Santo"

A presença do Messias, no seio de Maria, não desperta apenas a alegria, mas provoca também a descida do Espírito sobre Isabel. Vemos, portanto, que são *três os dons* que Maria leva a Isabel: a alegria da salvação, o Cristo-Messias e o Espírito Santo. Três dons maravilhosos e salutares.

5. "Bendita és tu entre as mulheres"

Este elogio: "bendita entre as mulheres", que é também uma *bênção*, foi aplicado no AT a duas mulheres corajosas e ao mesmo tempo astuciosas, mulheres "libertadoras" do povo em momentos de grande opressão: Jael (Jz 5,24) e Judite (Jt 13,18): *Jael*, que fingiu proteger Sísara, o general inimigo em fuga, enfiando-lhe nas têmporas um piquete de tenda; e *Judite*, que, apelando para seu "poder de sedução" feminina, embebeda Holofernes, o chefe do exército assírio, para, em seguida, cortar-lhe a cabeça. Maria é a "herdeira superior" da tradição feminino-libertadora do AT. Está na linha dessas grandes mulheres libertadoras, ultrapassando-as, porém, imensamente.

"Bendita entre" é a forma hebraica para o superlativo: "Tu és a mais bendita..." Portanto, Maria é a mulher mais excelsa dentre todas as mulheres. Estamos no campo da "mari-*eu*logia", isto é, da louvação a Maria, húmus nutridor de toda "mariologia". Como para a teologia, também para a mariologia a oração precedeu a reflexão.

6. "E bendito é o fruto do teu ventre!"

A exclamação de Isabel atesta e ao mesmo tempo ensina que Maria, quando exaltada, há de ser sempre associada a Jesus, como a árvore ao fruto, ou a fonte à água.

A bênção tem por função reforçar a energia vital. Está, portanto, ligada à fertilidade e à vida em geral. É o que diz o longo discurso das promessas de bênção do livro do Deuteronômio: "Bendito o fruto do teu ventre, do teu solo e dos teus animais, tanto de tuas vacas prenhes como de tuas ovelhas grávidas" (Dt 28,4). Nesse sentido, para o AT, a bênção passa pelo ventre materno, como mostra muito bem o biblista servitano Pe. A. Serra (1987: 24-43 – cap. 3: Bendito o fruto do teu ventre. O ventre materno, lugar da bênção de Deus).

7. "Como me é dado que venha a mim a Mãe do meu Senhor?"

É uma reminiscência bastante clara da exclamação de Davi: "Como poderia vir à minha casa a Arca do Senhor?" (2Sm 6,9). Aliás, são tantas as evocações entre a transladação da Arca e a visita de Maria a Isabel que é impossível que Lc não tenha pensado em Maria como a nova Arca da Aliança (FORTE, 1991: 71). Eis o paralelismo entre os dois eventos:

	Transporte da antiga Arca: 2Sm 6,2-16	**Visita de Maria, nova Arca**: Lc 1,39-45
Contexto geográfico	Davi e o povo "partiram de Baalê-*Judá*", lugar da Arca (v. 2)	"Maria partiu para... uma cidade de *Judá*" (v. 39)

Expressão de alegria	Davi, com o povo, dançou (v. 5), "com alegria" (v. 12), "saltando e rodopiando" (v. 14.16)	O menino (Batista) "estremeceu" "de alegria" no seio da mãe (v. 41.44)
Aclamações (litúrgicas)	A Arca subia "entre aclamações" (v. 15; cf. 1Cr 15,28: "gritos de alegria")	Isabel "exclamou com um grande grito" (v. 41-42)
Efeito de bênção	Pela Arca, "o Senhor abençoou a Obed-Edom e sua casa" (v. 11b)	"Isabel ficou cheia do Espírito Santo" (v. 41)
Temor reverencial	Davi: "Como poderia vir à minha casa a Arca do Senhor?" (v. 9)	Isabel: "Como me é dado que venha a mim a Mãe do meu Senhor" (v. 43)
Tempo de permanência	"A Arca ficou na casa de Obed--Edom por três meses" (v. 11a)	"Maria ficou com Isabel cerca de três meses" (v. 56)

Agora, pois, não é mais uma arca de madeira que carrega a presença e a aliança de Deus, mas o corpo vivo e santo da Virgem nazarena.

8. "...a Mãe do meu Senhor..."

É o título dogmático maior de Maria no NT. "Senhor" é *Adonai* em hebraico, um nome divino, reservado, em princípio, a Deus, mas participado ao *Rei*, seu lugar-tenente (Sl 110,1; 45,7). E é também um epíteto do *Messias*, como dirão os anjos no Natal:

"Cristo *Senhor*" (Lc 2,11). Portanto, a evolução semântico-teológica de "Senhor" é: Rei -> Messias -> Deus. Portanto, aqui Maria aparece, num *crescendum*, como a Mãe do Rei (*Ghebirah*), que é o Messias e que é, enfim, Deus mesmo. É, pois, Mãe de Deus.

9. "Feliz aquela que acreditou, porque o que lhe foi dito da parte do Senhor se cumprirá"

Essa expressão revela a identidade *espiritual* de Maria: ela é "a crente" por excelência. Temos aqui o primeiro macarismo (bem-aventurança) do NT. Fala da "alegria da fé", como iria repetir o Ressuscitado: "Feliz de quem crê sem ter visto" (Jo 20,29).

A fé, de certa forma, "torna possível" a realização das promessas: "o que te foi dito da parte do Senhor se cumprirá" (v. 45). Ou seja, sem a fé (de Maria) não teria havido a salvação (da humanidade).

3) Lc 1,46-55: Magnificat, *o canto da libertação messiânica*

1. Importância

O *Magnificat* é o texto bíblico mais longo colocado na boca de Maria. Aqui não se fala de Maria, mas é Maria mesma que fala: fala de Deus e das maravilhas que realizou nela, no mundo e em seu povo.

Esse cântico foi declarado pelos *Documentos de Puebla* o "espelho da alma de Maria", o "cume da espiritualidade dos pobres de Javé e do profetismo da Antiga Aliança" e o "prelúdio do Sermão da Montanha" (n. 297; cf. 1144). Além disso, esse hino oferece uma síntese da espiritualidade cristã em ótica mariológica. Enfim, ele é considerado como o *locus major* da "Mariologia da Libertação", e isso pelo próprio Magistério (*Marialis Cultus* 37. • *Redemptoris Mater* 37. • *Libertatis Conscientiae* 48, 97-100. • *Puebla* 297 e 1144).

2. *Pano de fundo do* Magnificat

Todo o cântico de Maria ressoa de citações ou de evocações veterotestamentárias, especialmente em relação ao Cântico de Ana, pronunciado por ocasião do nascimento do filho Samuel (1Sm 2,1-10). Um autor latino-americano escreveu de modo patético:

> O *Magnificat* é um mosaico de textos escritos com as lágrimas dos pobres de Israel: todas as humilhações, os desprezos e as opressões que suportaram os pobres da parte dos ricos, Maria os endereça, em forma de hino e de louvor, ao Deus que faz maravilhas..., ao "Vingador dos oprimidos"... E o Guerreiro de Israel dá a cada um o seu (ORTEGA, 1979: 46).

3. *Estrutura do* Magnificat

O *Magnificat* se organiza num esquema tripartite, como propôs J. Dupont, seguido nisso pela maioria dos autores subsequentes: 1) ação divina em *Maria*: mensagem pessoal; 2) ação divina na *Humanidade*: mensagem social; 3) e ação divina no Povo de *Israel*: mensagem étnica.

1) *Ação de Deus em* Maria*: Mensagem religioso-pessoal (Lc 1,46-49)*

1. "A minha alma engrandece o Senhor"

O clima aqui é de *sagrado entusiasmo*. Este é um canto extático. É uma "ode a Deus". Todo o cântico vibra de um fervor transbordante. É algo que nasce de uma profunda *experiência* de Deus, de seu poder e de seu amor. Ora, a experiência é a "escola do Espírito", como declara Lutero, acrescentando:

> Como a água fervente transborda e espuma porque não pode mais se conter na panela por causa do grande calor, assim são as palavras da beata Virgem nesse canto. Poucas, mas profundas e grandes. A pessoas assim São Paulo chamava "fervorosos no Espírito" (Rm 12,11),

isto é, os "espiritualmente ferventes e espumantes", e nos ensina a sermos assim.

2. "E exulta meu espírito em Deus meu Salvador"

Notar o tom de *alegria* nesta parte do cântico. Maria mostra-se uma jovem alegre. Se ensaiou algum passo de *dança*, não seria de admirar. A dança na Antiguidade, também entre os hebreus, era uma expressão cultual. O *exultavit* chama o *exsaltavit*: dançou.

"Alma e espírito" são o ser humano *inteiro*, com seu sentimento e com sua inteligência.

3. "Porque olhou para a pequenez"

Aqui, para Maria, *tapeínoosis* significa, em primeiro lugar, a *humilhação* social. Refere-se a uma *situação* objetiva: sua insignificância social ou, talvez mesmo, seu estado de virgindade, pouco valorizada entre os judeus, tanto mais se fosse permanente. Mas significa também a *humildade* moral. Trata-se então da *virtude* pessoal da Virgem, que assume com coragem sua pouca importância social e se entrega a Deus cheia de temor e de confiança, exatamente como uma verdadeira "pobre do Senhor" (JOÃO PAULO II. *Redemptoris Mater* 37. • CONGREGAÇÃO DA DOUTRINA DA FÉ. *Libertatis Conscientiae* 97).

4. "Sua serva"

É simultaneamente um título de honra e de humildade: *honra*, porque a serviço do Onipotente; *humildade*, porque na dependência de um outro sempre maior. "Servo" é o instrumento da vontade de Deus na história. Assim, os grandes homens do AT foram chamados servos, especialmente Moisés no livro de Josué.

Eles atuaram efetivamente como os mediadores do plano divino da salvação.

Maria se proclama "serva" (*doúlee*) porque totalmente a serviço de Deus. É seu título de grandeza e também de pequenez. É através desse título que ela entende sua identidade e sua missão. Tal é sua automariologia.

5. "Todas as gerações hão de chamar-me de bendita"

A maternidade, na Bíblia, é sempre uma bênção de Deus e uma felicidade para a mulher. Se é assim, então será tanto mais abençoada a maternidade daquela que é a Mãe do Messias, como, há pouco, "proclamara em alta voz" sua prima Isabel: "Bendita és tu entre as mulheres..." (Lc 1,42).

Na verdade, o elogio a Maria começa já no NT e constitui a protomariologia: é o anjo que a saúda como "cheia de graça" (Lc 1,28); é Isabel que a proclama "bendita entre todas as mulheres" e ainda "bem-aventurada" porque "acreditou" (Lc 1,45); é a mulher popular que proclama: "Feliz o ventre que te trouxe e os seios que te amamentaram" (Lc 11,27); é o próprio Jesus que a chama "Mulher", entendendo-a como nova Eva, a Mãe da nova humanidade (Jo 2,4; 19,26).

Esta é a "mari-eulogia", feita da admiração e do amor e que continua história afora, inclusive fora do Cristianismo. Não teve mulher "mais cantada em prosa e verso" do que Ela; nem outra mais representada pelo pincel dos artistas; nem uma princesa que tivesse palácios mais esplêndidos do que Ela, com suas catedrais e com seus santuários.

6. "O Senhor fez em mim grandes coisas"

"Grandes coisas" são: 1) antes de tudo, as grandes *libertações* realizadas por Deus na história de seu Povo: a egípcia, a babilônica e a messiânica no fim dos tempos; 2) são também as *maravilhas* operadas por Deus no deserto: o maná, a água da rocha, a serpente de bronze, as codornizes etc.; 3) são ainda as libertações da *esterilidade*, de que foram objeto as matriarcas Sara, Rebeca, Raquel, Ana etc.; 4) são enfim as libertações realizadas ou ao menos cantadas por grandes *mulheres*, como Miryam, a irmã de Moisés; Ana, a mãe de Samuel; Débora, a juíza; Jael, a matadora de Sísara; Judite, que decapitou Holofernes; Ester, por cuja intercessão o povo foi salvo do extermínio. Maior, porém, que todas essas libertações é aquela de que Maria é a portadora: a libertação soteriológica e escatológica.

2) Ação de Deus na história *humana: Mensagem religioso-social (Lc 1,50-53)*

A segunda parte do *Magnificat* é o "núcleo duro" do cântico. Se a parte anterior lembra a *Pastoral* de Beethoven, esta parte evoca a *Heroica*. Agora, o hino assume um tom extremamente enérgico, como se exprime, com vigor, D. Bonhöffer:

> Não fala aqui a doce, terna e sonhadora Maria das imagens, mas uma Maria apaixonada, impetuosa, altiva, entusiasta. Nada dos acentos adocicados e melancólicos de tantos cantos de Natal, mas o canto forte, duro, impiedoso dos tronos que desmoronam, dos senhores humilhados, da potência de Deus e da impotência dos homens (1972: 36).

1. "Seu amor para sempre se estende"

O NT grego traz *éleos*, que traduz duas palavras hebraicas: 1) *hesed*, amor de solidariedade, de libertação, que é de tipo mais "masculino"; 2) *rahamim*, amor de compaixão, amor entranhado, visceral, de tipo mais "feminino". O fato é que Maria vê o amor de Deus cobrindo a história inteira e movê-la. Contudo...

2. "... sobre aqueles que o temem"

Contudo, é preciso acolher o amor de Deus. É o que fazem os "tementes" de Deus: os *phobouménois*. Os que "temem a Deus" são concretamente os *anawim*. Estes são o objeto da graça de Deus e de sua ação libertadora.

Como se verá, os "tementes de Deus" assumem, em geral, na história a figura sociopolítica dos "humildes" (pequenos e fracos) e a figura socioeconômica dos "famintos" (pobres).

3. "Manifesta o poder de seu braço"

Esta expressão nos reporta ao Deus libertador e vitorioso, tanto na obra da Criação (Sl 89,11), como na gesta do Êxodo egípcio (Sl 136,11-12). O libertador agiu *ontem* na história do Povo de Deus, age *hoje* em Maria e agirá *amanhã* na caminhada dos humildes e pobres. É também o sentido dos cinco verbos seguintes, todos no aoristo grego.

4. "Dispersa..."

Maria não proclama a "destruição" física dos soberbos. Usa um termo mais *light*: "dispersa". Embora seja um termo militar, significando a derrota do inimigo (cf. Sl 89,11; At 5,37), "dispersar" evoca ainda ideia de desarticular, de tirar a força ao adversário, de anular seus projetos, e não tanto de destruir suas pessoas. Ninguém melhor que a Virgem sabe que YHWH "não quer a morte do pecador, mas que se converta e viva" (Ez 33,11).

Apesar do vigor "revolucionário" da linguagem de Maria, não há nela sequer um iota da "lei do talião", ou seja, da dinâmica da vingança. Nenhum laivo, por pequeno que seja, da lógica do ressentimento. Nesse sentido, a Virgem cantora chega inclusive a corrigir o Cântico de Ana. Esta fala duas vezes de "inimigos" (1Sm 2,1.10), dizendo inclusive que serão "esmagados" (v. 10). A Virgem, porém, toma distância dessa linguagem.

Têm, pois, razão os Bispos em Puebla ao afirmarem que a mensagem do *Magnificat* preludia o Sermão da Montanha (n. 297). A revolução de Maria é a da misericórdia, da mansidão, da paz, da graça, do amor, da alegria.

5. "os Orgulhosos..."

São os arrogantes (espirituais), que se encarnam historicamente, como se verá logo, nos poderosos e nos ricos. De fato, os últimos livros da Bíblia (Tobias, Macabeus, Judite, Ester e Daniel) chamam de "arrogantes" precisamente os poderosos, opressores do Povo santo. Maria deve ter pensado, de imediato, em Herodes, em Augusto, quem sabe em Anás e Caifás e mais longinquamente no Faraó, em Nabucodonosor, em Antíoco IV Epífanes.

6. "... nos pensamentos de seu coração"

A versão do *Magnificat* para a "Liturgia das horas" infelizmente cortou essa expressão tão significativa. Ela mostra que é sobretudo no "coração", no íntimo do ser humano, que se enraízam, de fato, as opressões. As religiões todas sempre ensinaram isso, contra a Modernidade, que põe a base dos problemas nas "estruturas" exteriores.

"Pensamentos" aqui tem um sentido negativo: quer dizer planos, tramas, maquinações, como mostrou um especialista, A. Valentini (1987: 182-184). É precisamente desses "pensamentos" perversos que emergem as "estruturas de pecado", de violência e de opressão. Como se vê, Maria é mulher de "consciência crítica", como se diz hoje.

7. "Derruba de seu trono..."

Chegamos aqui ao pico do poema. "Derruba", *kath-eilen*, significa: de-põe, põe abaixo, apeia, abate. Palavra ousada, fortíssima!

É a "subversão de Deus" em relação a todas as hierarquias injustas e a todas as "ordens violentas". É a "revolução de Deus" que está em ação na história.

A "derrubada dos Poderosos" é uma ideia que pertence ao conceito bíblico de Deus, em sua atuação histórica (cf. Jó 12,18-19; Is 2,11-17; Dn 4,34). Vem o mais das vezes expressa em forma *ampliada* e contrastante: Deus "humilha os orgulhosos e exalta os humilhados" (cf. Pr 3,34; Jó 22,29; Sl 18,28; Sir 10,14; Is 2,12; Ez 21,31; 2Sm 2,7; Lc 14,11; 18,14; Mt 23,12). Como se vê, o Deus do *Magnificat* é o Deus bíblico, isto é, um Deus verdadeiramente revolucionário. A ideia de "revira-volta", de "inversão de posições" ou simplesmente de "re-volução" das situações é *central* na Bíblia. Ela tem um alcance, não só escatológico (no Juízo), mas também histórico (na vida).

Proclamando a "derrubada dos poderosos" Maria devia pensar nos opressores históricos do Povo santo, que acabaram sendo humilhados por Deus, como o Faraó (Ex 14: passagem do Mar Vermelho), o rei Antíoco IV (1Mc 6,12-13), os generais Holofernes (Jt 13,5) e Nicanor (2Mc 8,35), Amã (Est 1,1k) e especialmente Nabucodonosor (Dn 4).

8. "...os Poderosos"

Trata-se aqui dos que detêm o poder, mas, mais precisamente, dos que *abusam* do poder, dos déspotas. De fato, só Deus é realmente Poderoso, o *Todo*-poderoso (v. 49). Os grandes deste mundo "parecem" apenas mandar, como dá a entender Jesus (cf. Mc 10,42). Na verdade, não mandam nada ou muito pouco, como lembrou Cristo a Pilatos, que presumia "deter o poder" para soltá-lo ou para crucificá-lo: "Não terias poder algum sobre mim, se não te tivesse sido dado do alto" (Jo 19,10-11).

9. "e eleva os humildes"

Essa ideia é expressa, na Bíblia, também de modo absoluto, sem o contraponto da humilhação dos soberbos (Jó 5,11; Sl 113,7-8). O Deus bíblico é o exaltador ou o reabilitador dos humilhados. Em quem Maria deve ter pensado quando se refere aos humildes, elevados por Deus? Certamente em Abraão, em Moisés (Nm 12,3), em Jó (Jó 42,10-17) e, sem dúvida, nela mesma.

Maria mesma é o "protótipo" da pessoa humilde que Deus exaltou. Ela o declara no *Magnificat*: "Deus olhou para a pequenez de sua serva, doravante todas as gerações me proclamarão bem-aventurada. O Poderoso fez em mim maravilhas" (vv. 48-49). E Jesus, por seu lado, é o "archétipo" da lógica divina que "subverte" a da história humana, a saber, a lógica do "humilhado-exaltado" (cf. Fl 2,5-11).

10. "Sacia de bens os famintos"

O Deus bíblico não quer famintos, ao contrário, ele manda saciá-los (cf. Dt 19,15-18). Mais, ele mesmo provê alimento às suas criaturas, como proclamam os Salmos (34,11; 107,8-9; 104,27-28; 136,25).

Além disso, o "matar a fome" dos pobres é, na Bíblia, uma das funções do Messias e, por isso, um dos sinais de sua chegada. Era a ideia que a multidão tinha de Messias no tempo de Jesus, como mostra a reação do povo depois da multiplicação dos pães (cf. Jo 6,14-15.26), embora fosse a ideia rasteira e redutiva de um Messias "rei provedor", que Jesus busca elevar (cf. Jo 6,26-27; 18,36). Pois, o pão material pode funcionar, sim, como um sinal do Reino. Por isso mesmo, Jesus proclama que Deus, no Reino iminente, há de saciar os pobres (Lc 6,21). Ele mesmo multiplica o pão e manda distribuí-lo aos famintos (Mt 14,16; Lc 16,19ss.). Com estes, inclusive, Ele se identifica (Mt 25,35).

11. "Despede os ricos sem nada"

Os ricos são a figura histórica dos "orgulhosos". A menos que se convertam a Deus e aos pobres, os ricos vivem sob a ameaça de Deus: "Eia, pois, chorai e gemei, ó ricos, sobre as desgraças que vos esperam!" (Tg 5,1). "Ai de vós, ó ricos, pois já tendes a vossa consolação! Ai de vós, que agora estais saciados, porque havereis de ter fome!" (Lc 6,24-25). De todos os modos, a denúncia de Maria é surpreendentemente mais leve: não lhes deseja a fome, isto é, o estômago vazio, mas apenas as mãos...

Considerando, porém, o quadro cada vez mais contrastante da riqueza e fome no mundo atual (são mais ou menos um bilhão os que sofrem fome no mundo), surge, irreprimível, a questão: Será ainda credível a Profetisa de Nazaré quando proclama a justiça de Deus para os Lázaros deste mundo? Sim, Ela está certa: as promessas divinas vão, sem dúvida, para seu cumprimento, se não for na *história* (e isso depende dos homens), será na *escatologia* (e isso é garantido por Deus), como mostra a história de Lázaro (Lc 16,22).

3) *Ação de Deus em* Israel: *Mensagem religioso-étnica (Lc 1,54-55)*

1. "Acolhe Israel, seu servidor, fiel ao seu amor"

Maria está plenamente inserida no seu povo. Sente-se, com santo orgulho, "filha de Israel". Nisso é como Paulo, que se compraz em elencar os privilégios do Povo santo (Rm 9,4-5). Jesus igualmente não despreza seu povo, ao contrário, o tem em alta estima (Jo 4,22). Chegou a chorar a destruição da Cidade santa por seu endurecimento (Lc 19,41).

Contudo, não se trata aí de um patriotismo fechado, mas aberto: Israel é um povo *para* todos os povos. Se tem uma vocação particular é em vista de uma missão universal. É um caminho especial a serviço da salvação geral. Maria é filha do Antigo Povo, mas também Mãe e Filha do Novo, feito de todos os povos. Sua posição na História da salvação é no *centro*, entre Israel e a Igreja (cf. Gl 4,4). Ela é a mãe universal, sem excluir a gente da sua raça.

2. "Como havia prometido a nossos pais"

Deus não está amarrado a nada, a não ser às suas promessas. Ora, as promessas feitas aos Pais se concentram no dom do *Messias*. Paulo concretiza ainda mais estas promessas referindo-se à *ressurreição*, como declara em sua célebre defesa diante do Sinédrio: "Irmãos, é por causa de nossa esperança, a ressurreição dos mortos, que estou sendo julgado" (At 23,6; cf. 26,6). Essa promessa/esperança foi maximamente atuada "na ressurreição de Jesus" (At 13,33).

3. "...em favor de Abraão e de seus filhos para sempre"

As promessas especificamente feitas a Abraão são: terra, descendência e bênção universal. Mas foram reelaboradas no NT em termos espirituais: são respectivamente o Reino (Mt 5,5; Hb 4,8-9; 11,13-16), Cristo (Gl 3,16) e os cristãos (Rm 5,16-17) e finalmente a salvação de todos em Jesus (Gl 3,8-9).

Tais promessas se prolongam ao longo da história, sobre a descendência de Abraão, como aparece nas promessas que Deus lhe fez: "Estenderei minha aliança entre mim e ti, e, depois de ti, às gerações que descenderão de ti" (Gn 17,7; cf. Mq 7,20).

Assim, o ritmo do Cântico se termina num *ralentando* solene e seu tom num *decrescendo* admirável, enquanto sua luz nos alcança a nós, que vivemos nos dias de hoje.

10 textos mariológicos *menores* em Lucas

1. Lc 2,1-7: "E Ela deu à luz o Filho *primogênito* e, envolvendo-o em faixas, reclinou-o numa *manjedoura*, porque *não havia lugar para eles* na hospedaria" (v. 7).

2. Lc 2,8-20: "Eles (os pastores) foram depressa e *acharam Maria* e José e o Menino deitado na manjedoura... *Maria, por sua parte, conservava todas estas coisas, meditando-as no seu coração*" (v. 16.19).

3. Lc 2,22-35: "Levaram-no a Jerusalém para o apresentar ao Senhor, *conforme a lei* do Senhor... e para oferecerem o sacrifício... *um par de rolas*... Seu pai e sua Mãe estavam admirados das coisas que dele se diziam... E Simeão disse a Maria: '*Uma espada transpassará tua alma*'".

4. Lc 2,41-50: "Seus pais *iam todos os anos* a Jerusalém para a festa da Páscoa.... Ao vê-lo... sua Mãe lhe disse: 'Meu filho, por que fizeste isto conosco? Eis que *teu pai e eu*, aflitos, te procurávamos'... Mas eles *não compreenderam* o que lhes dizia...".

5. Lc 2,51-52: Vida oculta: "...E lhes era submisso... Sua Mãe guardava todas estas coisas no seu coração. E Jesus crescia em estatura, em sabedoria e graça...".

6. Lc 3,23-38: "Jesus... era tido por filho de José".

7. Lc 4,16-30: Em Nazaré: "Não é ele o *filho de José*?... 'Nenhum profeta é bem recebido em sua *pátria*'".

8. Lc 8,19-21: "Sua Mãe e seus irmãos chegaram... Minha mãe... é quem *ouve e pratica* a palavra de Deus".

9. Lc 11,27-28: "Felizes as entranhas... e os seios... *Antes, felizes os que ouvem a Palavra de Deus e a observam*". Eis a melhor explicação desta afirmação, dada por Santo Agostinho:

> Para Maria, ter sido discípula de Cristo foi mais do que ser mãe dele [...] Por isso também Maria é bem-aventurada, porque ouviu a palavra de Deus e a guardou; guardou mais na mente a Verdade do que no seio a carne. Cristo é Verdade, Cristo é carne: Cristo Verdade na mente de Maria, Cristo carne no seio de Maria. Vale mais o que se carrega na mente do que o que se carrega no ventre. O parentesco materno não teria ajudado em nada a Maria, se ela não tivesse carregado Cristo de modo mais feliz no coração do que na carne (In: CNBB, 1998: 92).

10. At 1,14: "*Estavam* lá... com *Maria*, sua Mãe..., assíduos à *oração*".

4. Mariologia de JOÃO

Em síntese, a mariologia de João apresenta a Mãe de Jesus como: 1) a mediadora da fé (em Caná); 2) a mãe da Comunidade de fé (aos pés da cruz); 3) a "Mulher", símbolo da Igreja, da Nova Humanidade e mesmo do Cosmos glorificado (Ap 12).

O Evangelho de João só traz dois textos diretamente referentes a Maria. Se tomarmos, porém, o corpo joaneu por inteiro, veremos que existe ainda um terceiro grande texto evocando Maria: Ap 12: A "Mulher vestida de sol".

Os dois textos maiores do Evangelho de João são realmente *centrais*. São colocados em momentos decisivos do ministério de Jesus: *Caná* representa o momento da *inauguração* da vida pública; e o *Calvário* é o momento *culminante* da "hora": a exaltação de Jesus na cruz. Não por nada estes dois episódios estão ligados entre si por três ideias comuns a ambos: a ideia axial da "hora", a referência à "Mãe de Jesus" e o apelativo "Mulher".

Comparando as mariologias evangélicas, podemos dizer: 1) Mc nos dá uma mariologia *étnica*; 2) Mt nos dá uma mariologia *histórico-salvífica*; 3) Lc nos dá uma mariologia *teológico-antropológica*; 4) Jo nos dá uma mariologia *simbólica*, uma "alta mariologia".

Observar que em Jo tudo é *simbólico*. Os dados *históricos* estão bem presentes, mas como base para um sentido mais profundo, que é o sentido espiritual, místico, sobrenatural. É, pois, uma linguagem de dois andares, ou seja, de duplo sentido: um real e outro simbólico. Daí o princípio hermenêutico de Orígenes: "Ninguém pode compreender o sentido do Evangelho de João a não ser aquele que repousar sobre o peito de Jesus ou receber Maria como mãe das mãos de Jesus" (PG 14,29-32).

Explicaremos em seguida os textos mariológicos *maiores* do corpo joaneu (cf. SERRA, 1979), referindo apenas, no fim, os de menor importância.

1) Jo 2,1-12: Maria em Caná

1. "No terceiro dia"

É expressão simbólica para o *dia decisivo*. É o dia da "glória", da "revelação" do poder salvador de Deus. Assim foi, de modo especialíssimo, o dia da Ressurreição de Jesus: "Ao terceiro dia eu o reedificarei" (Jo 2,19); "e no terceiro dia chego ao termo" (Lc 13,32).

Mas foi também "no terceiro dia" que se deram os *eventos bíblicos* que iriam prefigurar o dia da páscoa, como: o dia do sacrifício de Abraão ou, melhor, do "salvamento" de Isaac (Gn 22,4); o dia da revelação sinaítica (Ex 19,11.19); o dia da soltura da prisão dos irmãos de José no Egito (Ex 42,18); o dia da libertação de Jonas do ventre do cetáceo (Jn 2,2; cf. Mt 12,39-40); o dia futuro do "reerguimento" de Israel por Deus (Os 6,2; cf. 1Cor 15,4 e Lc 24,7).

2. "Houve um casamento em Caná da Galileia"

Grande importância tinha a festa de casamento no mundo antigo, especialmente no hebraico. Durava uma semana, como no casamento de Jacó com Lia (Gn 29,27) ou no de Sansão com Timnita (Jz 14,12.17-18) ou ainda no do jovem Tobias com Sara (Tb 8,20).

Como tudo em Jo, esse casamento é um símbolo. O casamento já era, na Bíblia, um *símbolo da Aliança*, como se vê especialmente em Oseias (1–3) e no Cântico dos Cânticos, mas também nos profetas Isaías (54,5-10; 61,10), Jeremias (2–3) e Ezequiel (16 e 23).

Mas quais seriam aqui os noivos "verdadeiros", pois que os "reais" quase nem aparecem? Seriam Jesus e Maria: Jesus, como Jo alhures alude (Jo 3,29; cf. Mt 9,15; 25,1-10) e Maria, a título de *representante* da nova humanidade, com quem Deus faz aliança.

3. "E a Mãe de Jesus estava lá; Jesus também fora convidado"

Maria aqui é, com surpresa, referida *antes* de Jesus. Ela se adianta ao Filho, para abrir-lhe, porém, o caminho.

Jo nunca nomeia Maria com seu nome próprio. Diz sempre a "Mãe de Jesus". Por quê? Porque, para ele, Maria não vale tanto como pessoa singular (como faz Lc), mas como uma figura simbólico-teológica, dotada de uma função especificamente cristológica e eclesiológica.

"Estava lá": a Virgem está presente na vida do povo, aqui em suas festas. Trata-se, no caso, de uma festa particular: um casamento. Era uma festa popular importante, com intenso movimento de socialização e regada a vinho, tomado até mesmo em excesso (Jo 2,10).

4. "Disse-lhe a Mãe de Jesus..."

Eis alguns traços que emergem da figura de Maria nesta cena: 1) *Atenção*: a festa não a distrai. Ela cuida de tudo para que nada falte, como se fosse a "anfitriã"; 2) *Previdência*: antes que a festa fracasse, Ela se antecipa; 3) *Misericórdia*, que a move a intervir junto ao Filho, para benefício de todos: noivos e convivas (vinho), Cristo (glória) e discípulos (fé).

5. "Eles não têm mais vinho"

Maria não diz: "Não *há* mais vinho", mas "Eles, os noivos, não têm mais vinho". Ela vê a coisa a partir da ótica desses últimos: será uma vergonha para eles se o vinho acabar. Ela assume, como dela, o problema dos outros.

A Virgem não faz um pedido explícito, mas apenas uma *constatação*. Isso, porém, corresponde a uma solicitação tácita, como se nota em outros lugares no Evangelho de Jo (o paralítico: "Não há ninguém que me jogue na piscina": Jo 5,7; ou Marta e Maria: "Aquele que amas está doente": Jo 11,3.20.22).

6. "Que há entre mim e ti? (v. 4a)"

Essa frase se encontra uma dezena de vezes na Bíblia (Jz 11,12; 2Sm 16,10; 19,23, etc.). Marca distância, desacordo e mesmo hostilidade entre duas pessoas. Como diz Santo Agostinho: "Ele (Jesus) parece desconhecer as entranhas humanas". O Filho parece resistir.

Sabemos, contudo, que esse é um "expediente pedagógico" que Jesus usa para provocar uma "passagem de nível": do natural para o sobrenatural. Assim o ouvinte é provocado a mudar de perspectiva: da *realidade* (humana) para a *verdade* (divina). Há em Jo vários casos semelhantes (com Nicodemos: Jo 3,1-6; com a Samaritana: Jo 4,31-34).

7. "Mulher..."

O modo de Jesus se dirigir à mãe revela um tratamento *estranho* na relação filho-mãe, principalmente para o sentimento dos modernos. Jesus não a chama "mamãe" (*'imma*), como seria normalmente, mas "mulher", um tratamento mais *solene*. Por quê? É para situar a relação acima do simples "plano familiar", num nível superior ao das relações de sangue. Aqui não é um filho qualquer que se dirige a uma mãe qualquer, mas o Messias à "Mulher", a título de Mãe da nova humanidade.

De fato, "Mulher" é um símbolo portador de vários sentidos, entre os quais sobressai o de *Nova Eva*. O Gn 3,20 chama Eva ao mesmo tempo de "Mulher" e de "Mãe" por excelência. É a "mulher protológica", sendo a Mulher de Ap 12,1-8 a "mulher escatológica". Maria personifica as duas, como a primeira e a última Mulher da história.

Portanto, usando o tratamento "Mulher", Jesus não está depreciando sua mãe, mas justamente o contrário, Ele está lhe demonstrando a máxima reverência, reconhecendo-lhe uma dignidade histórico-salvífica. Filho nenhum colocou a mãe em posição tão elevada.

8. "Minha hora..."

Em Jo, a "hora" de Jesus é a hora da "manifestação" de sua "glória". Trata-se, no concreto, da sua "exaltação", mediante o Mistério pascal, mistério de cruz e de ressurreição simultaneamente (cf. Jo 12,23.27; 13,1; 17,1). Para Jo, a paixão de Jesus irradia um resplendor glorioso. A cruz joaneia é uma cruz vitoriosa, pascal.

Contudo, a "hora" de Jesus se *antecipa* na vida pública, especialmente através dos "sinais" que são uma primeira manifestação de sua "glória". A "glória de Caná" é prolepse da "Glória da cruz".

9. "Sua Mãe diz aos Servos"

Após o primeiro embate com o Filho, a Mãe entra na perspectiva *superior* em que o Filho quer vê-la situada. Em que consiste concretamente tal perspectiva? Ela não sabe ainda bem, mas nem por isso deixa de confiar totalmente no Filho. A prova disso é: 1) a *segurança* com que se dirige aos Servos, mandando que obedeçam ao Filho, e isso, passando, ademais, por cima do mestre-sala (*arquitriclino*). Ela não manda em Jesus, pela veneração que o Filho lhe inspira, mas apenas nos Servos; 2) a *confiança* que mostra no Filho e em sua ação misteriosa, e isso sem ter tido antes qualquer experiência de seu poder sobre a qual pudesse se apoiar.

Tudo isso mostra a Virgem como a "crente" por excelência. Abandona-se incondicionalmente à vontade do Filho, pensando: "Tenho certeza: Ele fará algo", embora não imagine o "como". De fato, a fé é sempre assim: um saber do "quê", sem o saber do "como". Portanto, depois do rechaço aparente ou, pelo menos, inicial, por parte de Jesus, sua Mãe retoma a iniciativa.

10. "Fazei o que quer que Ele vos diga..."

Mandando nos "servos" (não "doúloi", mas "diákonoi" = discípulos), a Virgem não só mostra que crê, mas que também *induz* outros a crerem e a obedecerem. Ela não é apenas "mulher de fé", mas também "mãe da fé". Ela aparece, pois, como a mediadora da fé, a iniciadora ou mistagoga dos discípulos nos mistérios de Cristo.

"O que quer que Ele vos diga" verte melhor a expressão original do que a versão: "Tudo o que Ele vos disser". Exprime de modo mais claro a fé total em Jesus. Este é o conteúdo do "mandamento de Maria": fazer a vontade de Jesus, que é a vontade do Pai. São as últimas palavras que o NT reporta da Virgem.

A Mãe de Jesus é aqui a "imagem do Pai", o qual também manda: "Escutai-o" (Mt 17,5). Assim, na voz de Maria ressoa a voz do Pai, como lembra a *Marialis cultus* (n. 57). É notável o fato de que em Jo não se ouve a voz do Pai, mandando "ouvir" o Filho, como nos relatos do Batismo e da Transfiguração dos Sinóticos, mas somente a voz da Mãe. Também por isso Maria aparece como "mediadora do Mediador", inter-cessora ou inter-ventora diante do Filho, o único "Mediador" verdadeiro (1Tm 2,5). É uma "mediação *participada*".

11. "Ora, havia ali seis talhas de pedra"

"Seis": no simbolismo numerológico judaico e também patrístico, "seis" seria o número das "grandes idades do mundo", desde a Criação até à da Vinda do Senhor. Esta constituiria a "sétima idade", o coroamento da história. As "seis talhas" significariam, pois, o longo tempo de *espera* do Messias, que logo-logo vai plenificar essa espera. Tomado, porém, em geral, "seis" é símbolo do número imperfeito (7 - 1 = 6). Assim, são os "seis dias da criação", sendo o "sétimo dia" o dia da plenitude. Portanto, as "seis talhas" significariam a "economia da *imperfeição*", que Cristo vem levar a termo.

"Pedra" é um material que lembra a Lei judaica, "gravada em letras sobre pedra" (2Cor 3,7). Essa matéria é, portanto, símbolo da lei antiga, lei exterior, lei não viva e nem vivificadora. Além disso, a "pedra" evoca também o "coração de pedra", incapaz de praticar a Lei de Deus (Ez 36,26).

12. "...destinadas às purificações dos judeus"

Era um costume rigoroso, entre os judeus, de lavar-se as mãos antes e depois das refeições (cf. Mc 7,3-4). Aqui a água é símbolo da velha Lei, a *Torah*. Representa a "economia da água", economia imperfeita, que não "purifica" realmente, mas só ritual e figurativamente. Afirma a Carta aos Hebreus que as abluções e outras cerimônias do culto antigo são "incapazes de levar à perfeição", "não passando de ritos humanos" (Hb 9,9-10).

13. "...contendo cada uma duas ou três medidas"

Contendo uma medida (*metreetá*) cerca de quarenta litros, em cada talha deveriam caber mais ou menos cem litros, sendo que o total de seis talhas perfaria aproximadamente seiscentos litros. É uma quantidade considerável, prenúncio da abundância da Economia da graça.

14. "Enchei... E eles as encheram até às bordas. Tirai... e levai... Eles levaram."

"Enchei" – "Encheram"; "Tirai... e levai" – "Levaram". É a obediência redobrada à Palavra de Cristo, uma *obediência* a toda a prova, que "faz milagres": ela enche o vazio das talhas, símbolo da espera veterotestamentária, que então se preenche.

Água "até as bordas": é sinal de que todas as observâncias humanas não plenificam realmente, mas é, ao mesmo tempo, profecia da plenitude da graça trans-*bord*-ante que o Messias está para trazer.

15. "Quando o mestre-sala provou a água transformada em vinho..."

"Água transformada em vinho": a transformação maravilhosa é o efeito do poder de Cristo, mas também da fé dos Serventes e, antes ainda, da confiança da Virgem. Temos, pois, aqui a expressão do que é realmente a "obediência *transformadora* da fé".

Notar que Jo não se detém no "como" milagroso da transformação. Ele não dá alimento à curiosidade mágica e miraculista. A transformação da água em vinho se dá "como por encanto", sem que ninguém o perceba. O milagre se dá no seio escuro e bojudo das jarras. Ocorre em segredo, por obra da obediência: "encheram... e levaram..."

16. "Ele (o mestre-sala) não sabia aquilo, enquanto os servos sabiam"

O mestre-sala simboliza a classe dirigente judaica, que nada entende dos "sinais" de Jesus. Ao contrário, entendem-nos aqueles que, como os Serventes-diáconos, creem obedecendo. A estes é "revelada a glória" do Messias. Para estes vale o *credo ut intelligam*: se crer, entenderei.

De fato, na ordem da fé, só o fazer obediente confere o saber verdadeiro. Jesus mesmo dirá: "Manifestei teu nome aos homens... E eles *observaram* a tua Palavra. Agora *sabem*..." (Jo 17,6-7). "Vós sois meus amigos, se *fizerdes*... O servo não sabe..., enquanto o amigo sabe..." (Jo 14,14-15).

17. "...o vinho pior"

O "vinho pior" são os prazeres dos velhos tempos, os gostos impermanentes da primeira Aliança. Promessas ilusórias. "Prazeres sem alegria". "Sentidos sem significação".

18. "Tu, porém, guardaste o vinho bom até agora"

A "teologia do vinho", presente na Bíblia, é riquíssima, não só em seu sentido *natural* (como gênero de "primeira necessidade", como diz Sir 39,26, pela força que tem que "alegrar o coração"), mas também e mais ainda em seu sentido *simbólico*, pelo qual o vinho, além de suas muitas valências (a sabedoria, a palavra, o amor etc.), representa, especialmente na tradição profética, a felicidade dos tempos messiânicos: "Dias virão em que... o que vindima seguirá de perto ao que semeia; em que as montanhas destilarão mosto e todas as colinas o deixarão fluir... Eles plantarão vinhas para beber seu vinho" (Am 9,13-14; cf. Jl 2,19.24; Zc 9,17; 10,7).

Jo 2,10 fala no "vinho bom" (*kalón*). É expressão da *excelência* dos tempos do Messias. Portanto, o vinho *bom* e, além disso, abundante (centenas de litros) e mesmo *transbordante* ("até às bordas"), aponta para um "vinho" de outra ordem, é metá-fora de um vinho diferente: o do Reino messiânico, de que a Ceia é o sacramento (cf. Lc 22,17-18). É aí que se dá o verdadeiro *festum magnum*, cujo "excesso" constitutivo não será jamais excessivo...

O "agora" é a "hora" do "vinho bom", trazido pelo Messias. Com Cristo se inaugura o tempo das alegrias verdadeiras e definitivas: as da Graça, da Vida eterna e do Espírito.

19. "Este foi o princípio dos sinais"

Princípio" (*archée*) não é apenas o início, mas o *fundamento* que sustenta de modo permanente todos os outros sinais. Este é o "sinal inaugural", com o qual eclodem os tempos novos.

"Sinal" (*seeméion*), termo que aparece 17 vezes em Jo, significa algo de maravilhoso e portentoso, que aponta para uma Realidade de outra ordem: o poder divino de Jesus e ao mesmo tempo a economia do "vinho novo" do Espírito.

Do ponto de vista mariológico, podemos dizer que foi a Mãe de Jesus que provocou, deslanchou e mesmo precipitou a série de sinais que iriam revelar a "glória" divina de Jesus e a fé dos discípulos. Ela faz Jesus inaugurar a Economia da graça e da alegria messiânicas. Ela aparece, pois, como a "educadora" dos servos/discípulos no Mistério de Jesus e do Reino messiânico. Nesse sentido, Ela é o "tipo da Igreja", enquanto também gera a fé através do testemunho de vida, da pregação e dos sacramentos (cf. LG 63-64).

20. "Manifestou assim sua glória e seus Discípulos creram nele."

Notar a sequência: Sinal -> Glória -> Fé. Esse percurso é recorrente em Jo, como se vê no caso da multiplicação do pão (Jo 6), na cura do cego de nascença (Jo 9) e na ressurreição de Lázaro (Jo 11).

Esta glória (parcial) antecipa a glória (plena) da Exaltação pascal. Pois a luz da Glória cresce sempre: uma é a glória dos *sinais* milagrosos, outra é a glória da *Cruz* pascal e outra, enfim, a glória do *eschaton* definitivo. Assim, como diz São Paulo, passa-se "de glória em glória" (2Cor 3,18).

21. "Depois disso, Ele desceu para Cafarnaum, assim como sua Mãe..."

Jesus "volta para casa", para sua nova residência, em Cafarnaum. Esta cidade tornara-se o centro de referência de sua atividade profético-itinerante (Mt 4,13).

Maria também "desce para Cafarnaum" acompanhando o Filho. Estranhamente, não volta para Nazaré, a sudoeste, há uns 10km daí, de onde parece ter vindo, mas pega, com o Filho, o caminho inverso, rumo a Cafarnaum, a nordeste, distante uns 30km. Parece agora acompanhá-lo em sua incipiente itinerância profética: "E aí permaneceram não muitos dias" (v.12b). Segue-o, pois, fisicamente ou, pelo menos, espiritualmente.

22. "...seus irmãos e seus discípulos."

Eis a Comunidade que se forma em torno e no seguimento de Jesus, já agora nimbado de glória. É a pré-Igreja, o germe da futura Igreja de Jesus. Quanto à Virgem, está no seio desta Comunidade germinal, a título de discípula. Mas é uma discípula "muito especial", como vimos, pois Ela aparece como colaboradora da fé em

Jesus. É a Mãe de Jesus e, ao mesmo tempo, Mãe dos discípulos de Jesus.

Como se pode ver com toda evidência, agora é Jesus que toma a dianteira. É Ele que, com todo o direito, ocupa o proscênio, como verdadeiro protagonista. Quanto à sua Mãe, Ela recua e se põe atrás do Filho. Ela foi apenas sua "apresentadora": realizada sua tarefa, Ela se recolhe aos bastidores. Os holofotes da "Glória" se projetam doravante sobre o Messias, seu Filho. De fato, Puebla diz bem a propósito: "Todo o serviço que Maria presta aos homens é abri-los ao Evangelho" (n. 300).

2) Jo 19,25-28: A mãe de Jesus ao pé da cruz

A *natureza* do discurso de João é que ele sempre fala em nível duplo: o nível *histórico* ou factual e o nível *simbólico*, que se ergue sobre o primeiro e ao qual se deve prestar mais atenção. Assim, a presença de Maria junto ao Filho crucificado é histórica e teológica ao mesmo tempo.

O episódio de Maria aos pés da cruz tem em Jo uma importância *central* e mesmo *culminante*. Tanto mais que se trata da "hora" suprema, tão falada e tão suspirada por Jesus: a hora da exaltação na cruz (cf. Jo 12,27). Maria, portanto, aparece em João como uma figura altíssima, pois que é posta no pico mais alto de seu Evangelho.

1. "Junto à cruz de Jesus estavam, por seu lado, de pé a Mãe dele..."

"Por seu lado": assim se poderia traduzir a partícula *dè*, segundo termo da expressão *men... dè...* Esta exprime ações opostas, podendo ser traduzida por: "de um lado..., do outro..." Antes Jo tinha escrito: "É isso que fizeram, *de seu lado*, os soldados" (v. 24); agora prossegue: "*Do outro lado*, estavam de pé" as mulheres...

(v. 25). De fato, no relato anterior, os quatro soldados disputam, indiferentes, a túnica do divino Condenado; em contrapartida, aqui, quatro mulheres se fazem presentes, compassivas, junto ao patíbulo do Moribundo, tendo, à frente delas, a "Mãe dele".

"Estavam de pé": *heistéekeisan*. Vieram, compareceram, estavam presentes. Também Lc usa o mesmo verbo para o grupo das mulheres, acrescentando, porém, "de longe" (Lc 23,49), em vez do joaneu "junto à cruz". Jo, que em tudo vê um sentido mais profundo, de certo quer apontar para um "estar de pé" *espiritual*, indicando a firmeza e a constância de Maria e de suas companheiras no seio daquela provação terrível. É assim que a tradição da Igreja pensou o texto, desde os Santos Padres, como Santo Ambrósio, com sua declaração lapidar: *Stantem illam lego, flentem non lego* (Leio que estava de pé, não que chorava).

Como interpretar teologicamente "Maria aos pés da cruz"? João, como em Caná, não diz simplesmente "Maria", mas "a Mãe de Jesus", assim como dirá "o Discípulo amado" e não "João". Essas duas figuras são referidas de modo "anônimo", pois representam mais tipos simbólico-místicos do que pessoas individuais. Que sentido, pois, tem a Mãe de Jesus junto à Cruz? Há três níveis de sentido, sucessivamente mais profundos:

- É a *Mater dolorosa*, como tantas mães "das dores", sofrendo pelos filhos mortos: Rispá (2Sm 21,10), a Mãe macabeia (2Mc 7), as mães de Belém (Mt 2,18) ou também a mítica Níobe... É a concepção mais comum. Mas não parece ser esta a perspectiva central de Jo, embora não esteja excluída.

- É a *Mater gloriosa*, a Mãe participando, na e pela dor, da "hora" da Exaltação gloriosa do Filho na Cruz. Esta perspectiva paradoxal é própria de Jo, que nada sabe de uma *kénosis* pura. Portanto, Maria "está de pé junto à Cruz", em atitude soberana, como Rainha junto ao Trono do Rei, aureolado de esplendor pascal. É justamente como a "Mulher" do Ap 12, que, embora sofra as dores lancinantes do parto, está vestida com todo o aparato de Rainha cósmica.

• É, enfim, a *Mater viventium*. Porque dolorosa e, mais ainda, gloriosa, Ela será logo chamada de "Mulher" pelo Filho moribundo. É a *nova Eva*, ao lado do novo Adão. É a Mãe da nova humanidade, a quem gera para a vida de Cristo através de um parto espiritual ou místico, mais doloroso do que qualquer outro.

2. "Vendo sua Mãe... e o Discípulo amado"

Repitamos: Maria e João são vistos não como "pessoas privadas", mas como "personalidades corporativas", simbólicas. Aqui estamos não no nível puramente histórico, mas no tipológico-teológico:

1) A "Mãe de Jesus", a "Mulher", é a *nova Eva*, a Mãe da nova humanidade (cf. Is 66,7-8; também 26,17-21). Mais restritamente, é a figura-tipo da Igreja-mãe, a Comunidade apostólico-missionária, que gera filhos para Deus através da Palavra e dos Sacramentos.

2) O "Discípulo amado" representa o seguidor ideal e por isso a testemunha por excelência (Jo 19,35; 21,24). É a Igreja-filha. O "Discípulo amado" é, em concreto, a figura de todo e qualquer discípulo: "Quem me ama, guardará meus mandamentos..., será amado por meu Pai e eu o *amarei*..." (Jo 14,21).

3. "Jesus, vendo sua Mãe..."

Muitos pregadores, na esteira de vários Padres e Doutores, interpretam esta cena como expressão da *solicitude* filial de Jesus moribundo por sua Mãe, deixada só. Isso não está excluído. Mas se fosse apenas ou sobretudo isso, Jesus deveria ter-se dirigido primeiro a João. Mas aqui Ele se dirige primeiro à Mãe, mostrando que a questão "humana" passa em segundo plano.

Com o "Eis aí teu filho", Jesus, da cátedra da cruz, *revela* e *constitui* ao mesmo tempo sua Mãe como Mãe dos Discípulos. No ponto mais alto do *dramma salutis*, na "hora" suprema da glória, Cristo faz a apresentação solene da verdadeira identidade de Maria. A luz da Cruz ilumina o mistério de Maria e a revela como Mãe espiritual dos Discípulos.

4. "...e perto dela o Discípulo amado..."

Jo diz que o Discípulo se mantém "bem perto" (*parestôta*) da Mãe de Jesus, como para acudi-la. Assim o pintaram muitos artistas, mostrando João amparando a Mãe aflita.

Mas, para além desse sentido imediato, está a ideia mística de que o Discípulo amado é o "Discípulo da intimidade" com Maria. Como, na Ceia, ele esteve *perto de Jesus* e reclinou a cabeça em seu seio, para ouvir-lhe as confidências (Jo 13,23-26), aqui também está *perto da Mãe*, recebendo de Cristo moribundo seu derradeiro e íntimo testamento.

5. "Disse: Mulher..."

Que quer dizer Jo quando faz Jesus se referir à sua Mãe com este epíteto? Dissemos que seria a *nova Eva*, a Mãe da nova Vida. Contudo, como todo símbolo, "Mulher" é um termo aberto para todos os lados: é a Mãe *carnal* de Jesus; é a Mãe *espiritual* dos *Discípulos* (e também de Jesus pela fé); é a Mãe da *Igreja*, a Comunidade de fé; é o antigo *Israel*, que gerou o Salvador e sua Comunidade; é a *Mãe-igreja* etc. Todos esses sentidos estão aí compreendidos e são de fato vivenciados, de modo intuitivo e totalizante, pelo "pensamento simbólico".

Se assim é, poderíamos afirmar: "Maria supera infinitamente Maria". Isto é: o ícone simbólico-teológico de Maria supera infinitamente a realidade da Maria histórica, a Virgem de Nazaré. Por outras, o significado mistérico-simbólico de Maria desborda amplamente sua figura puramente individual.

6. "E a partir daquela hora..."

A "hora", o momento da glória pascal, inaugura a Economia da graça. A esta, portanto, pertence a maternidade espiritual de Maria, maternidade que flui da Cruz e de sua força vivificadora.

7. "...o Discípulo a recebeu junto de si"

A expressão grega de Jo *eís tà ídia* é passível de várias traduções: em sua casa, em sua familiaridade; mas também entre as coisas próprias, entre seus bens, recursos, riquezas, valores. Segundo a "linguagem de duplo sentido", tipicamente joaneia, deve-se entender aqui que o Discípulo acolheu Maria em sua casa *material* e também (e principalmente) em sua casa *espiritual*, isto é, em seu coração, em sua fé.

João executa, pois, o "testamento" de Jesus: leva a Mãe para casa. Assim como José, segundo Mt, "acolheu" Maria em sua casa como Esposa (Mt 1,24), assim também João recebe a Mãe de Jesus na sua casa, mas agora como Mãe. Diz uma tradição que João teria levado Maria em missão para a Ásia Menor. Ainda hoje os peregrinos visitam a "casa de Maria" (e de João) no alto da colina *Panaghía Kapulu*, perto de Éfeso[1]. Tal é o sentido primeiro, sobre o qual se ergue, sem contradição, o segundo, o espiritual, que é

---

1. O mais provável é que a "casa de Maria" estivesse mesmo em Jerusalém. De fato, descobriu-se, nos meados dos anos 70, uma carta pastoral de Eutímio, Bispo de Éfeso, do século IX, na qual o pastor se lamenta de que, por causa dos conflitos políticos e dos assaltantes, não era mais possível ir a Jerusalém para visitar o túmulo da Virgem. O bispo exorta então os fiéis a construírem um santuário semelhante ao da

o mais importante: acolhe Maria em sua fé. De fato, "acolher" é uma forma de fé (Jo 1,12). Agora, a verdadeira casa da Mãe de Jesus é o coração de cada discípulo amado.

O certo é que Maria foi entregue, na pessoa do Discípulo, a cada um/a, como um tesouro precioso a ser cuidado, como um legado a ser valorizado. Entre os tantos valores espirituais que Cristo "deu" aos seus discípulos (o Pai, o Paráclito, a Palavra, a Eucaristia, o novo mandamento etc.,), deve-se contar também sua Mãe. Ela pertence aos bens constitutivos do Cristianismo. Maria, portanto, faz parte da identidade cristã.

7. "Depois disto, sabendo Jesus que tudo estava consumado..."

O "depois disto" se refere à entrega da Mãe ao Discípulo, figura da Comunidade dos discípulos/as. Jesus executa até o fim o Plano do Pai (Jo 4,34; 6,38; 17,4; 13,1; 19,28b). Ora, a entrega da Mãe é o ato terminal de Jesus, pelo qual Ele leva plenamente a cabo a obra da Redenção.

À luz deste versículo, fica claro que o mistério de Maria, mãe dos Discípulos, é o *fecho* que coroa a obra de Cristo e, por conseguinte, o caminho de fé de todo cristão. Sem Maria não há Cristianismo "consumado", isto é, pleno, perfeito. Maria pertence ao "depósito" da fé, isto é, ao patrimônio dos bens espirituais que Cristo confiou aos Discípulos amados. Portanto, é impossível ser "discípulo amado", ou seja, um cristão perfeito, sem acolher Maria na casa da própria fé. Por isso afirmou Paulo VI: "Se queremos ser cristãos, devemos ser marianos"[2].

Cidade santa para poderem aí celebrar a festa da Dormição por sete dias. Cf. LIBERA Vittore Dalla. *Maria nella sua terra.* Pauline: Cinisello Balsamo (Mi) 1986, p. 269.

2. *Alocução no Santuário N.S. de Bonária de Cagliari* (24/4/1970). *AAS* 62 (1970) 299. Explica aí que Maria, no Plano de Deus, "não é circunstância ocasional, secundária, desprezível, mas parte essencial, importantíssima, belíssima, dulcíssima do Mistério da Salvação" (op. cit., p. 300).

A título informativo: a invocação "Maria, mãe da Igreja", conexo com o de "Maria, mãe dos cristãos", apareceu no século XI com Berengário de Tours. Mas foi somente na conclusão da III Sessão do Vaticano II (21/11/64) que Paulo VI declarou solenemente este novo título mariano, não sem certa perplexidade da parte de alguns setores da Igreja. Mas como se pôde ver, ele tem base em várias passagens do NT.

3) Ap 12: "A mulher vestida de sol"

1. "Um grande sinal apareceu no céu: uma Mulher..."

Como "sinal", é algo que pede interpretação. O que seria? Trata-se de uma realidade que se dá "no céu", portanto, mistérica. O mistério da "Mulher" é chamado de "grande", porque da maior significação. Que sentido, pois, tem "Mulher"?

É direta e primariamente a Igreja. Só indireta e secundariamente é Maria. As razões para entender o texto também em ótica *mariológica* são as seguintes: 1) A Mulher-Igreja, representando em particular o Povo da Antiga Aliança, só pôde efetivamente dar à luz através de uma mulher definida, Miryam de Nazaré; 2) Se o autor do Apocalipse é o mesmo do IV evangelho e de sua escola, então é impossível que ele tenha falado na "Mulher" sofredora do Ap 12 sem pensar na "Mulher" concreta que esteve sob a cruz; 3) Finalmente, Maria e a Igreja são uma só Realidade mistérico-sacramental em duas perspectivas, como pensavam os Padres da Igreja: Maria é a "Igreja em pessoa" e a Igreja é "Maria em grande".

2. "Vestida de Sol"

É o símbolo do esplendor da glória divina (cf. Sl 104,2). Para o trito-Isaías, também a novíssima Sião está "vestida de magnificência" (Is 52,1) e de "vestes de salvação" (Is 61,10).

Ora, a nova Sião é a Igreja em sua condição *escatológica*. E é, em oblíquo, Maria, enquanto Assunta na glória. Ela é a personalização ou a "imagem e começo da Igreja consumada" como diz o Vaticano II (LG 68). É o fragmento que reflete o todo.

3. "...tendo a Lua debaixo dos pés"

A Lua é o símbolo da variabilidade dos tempos, das vicissitudes históricas, como as que se exprimem nas estações (Gn 1,14-19) e nas mudanças sociopolíticas (revoluções etc.). Aplicando este símbolo, digamos que o Mistério único da Igreja/Maria é vitorioso sobre todas as mudanças temporais, quer sejam as perseguições, quer os triunfos terrenos.

4. "Tendo na cabeça uma coroa de Doze estrelas"

O número Doze indica *totalidade*; e de vez que se trata de *coroa*, então é triunfo total. Mas já que o símbolo está sempre aberto a uma pluralidade de sentidos, as "doze estrelas" poderiam evocar também as "doze tribos", como aparece no sonho de José (Gn 37,9); ou os "doze Apóstolos do Cordeiro" (Ap 21,10.12.14); e, finalmente, também o Cosmos *universo* em sua condição glorificada.

Aliás, impressiona ver a magnificência desta Mulher: está adornada com o que há de mais esplêndido em todo o Cosmos.

5. "Dores de parto"

O contraste entre o esplendor da Mulher e seu sofrimento, típico do pensamento apocalíptico, se refere à *dupla condição* da Igreja, que é também a de Maria, isto é, à condição kenótica, humilhada, vencida no tempo, mas, ao mesmo tempo, gloriosa e finalmente vencedora.

O sentido deste símbolo, aplicado *eclesiologicamente*, é que a Igreja sofre trabalhos e perseguições para gerar Cristo nos corações, como diz Paulo: "Sofro as dores do parto..." (Gl 4,19). Do ponto de vista *mariológico*, significa que Maria na glória continua hoje sofrendo misticamente as dores de seus filhos e filhas, caminhando na história (Ap 12,17).

6. "Filho varão"

É naturalmente Jesus, o Messias. Mas designa também o novo Povo de Deus, o "Povo messiânico", como afirma Isaías: "Pode uma nação ser gerada toda de uma só vez?" (Is 66,8b-9). A justaposição do individual e do coletivo é típica de Jo e também do Ap. Mariologicamente, significa que Maria é mãe de Jesus e também do Povo de Jesus, a Igreja.

7. "Dragão vermelho"

O Dragão frente à Mulher lembra naturalmente a cena de Gn 3,15 em que se fala de "luta" renhida entre a Serpente e a Mulher/Humanidade, a qual acabará esmagando a cabeça da primeira.

Esta vitória final é, ao mesmo tempo, da humanidade toda, de Jesus, da Igreja. Mas é também a vitória da Virgem através de sua glorificação no Reino em corpo e alma e de sua poderosa intercessão junto ao Filho. É o que testemunha a iconografia cristã, mostrando a Imaculada esmagando a cabeça da Serpente.

8. "Deserto"

É o lugar do encontro com Deus como Esposo (Os 2,16-18) e também como Benfeitor do Povo peregrino através de seus prodígios (Ex 16 e 19).

Do ponto de vista eclesiológico, trata-se do tempo da história, em que a Igreja, embora perseguida, será sempre sustentada pela graça de Deus. O mesmo se pode dizer da pessoa de Maria, como mostra sua história evangélica.

9. "...o Dragão foi combater o resto da descendência dela" (v. 17)

Como o Diabo nada pode contra a Mulher, a Igreja em sua realidade mistérica e invencível, vai então atacar os "seus filhos", que são a Igreja em sua realidade empírica e frágil. Trata-se, naturalmente aqui, dos *fiéis*, vistos como filhos da Mãe-Igreja, mas também como filhos da Mãe de Jesus, assumidos por Ela sob a cruz.

Conclusão de Ap 12

Maria encarna o destino da Comunidade messiânica: destino de parto/dor, mas também destino de vida/vitória. Daí por que Maria aparece, nas palavras da LG 68, como:

"Sinal de esperança segura e conforto para o Povo de Deus peregrino".

Textos mariológicos menores *de João*

1. Jo 1,12-13: "Nascido (no singular) não dos sangues" (no plural): falaria de Jesus e do *parto virginal* de Maria?

2. Jo 6,42: "filho de José": só na boca dos "outros". Alusão à concepção virginal?

3. Jo 7,5: "Nem seus irmãos acreditavam nele". Maria, porém, não é posta em causa.

4. Jo 8,41b: "Nós não somos filhos de prostituição", supondo o "como tu": lenda negra judaica contra a origem anormal e suspeita de Jesus, ele, sim, "filho de prostituição"?

III
Maria no capítulo VIII da *Lumen Gentium*: "A Bem-aventurada Virgem Maria no mistério de Cristo e da Igreja"

Houve no Vaticano II uma grande discussão sobre se a doutrina acerca da Virgem Maria devia constituir um documento à **parte** ou se devia ser **integrada** no esquema sobre a Igreja. Prevaleceu a última posição com pequena margem de preferências (quarenta votos de diferença: 1.114 sim, contra 1.074 não, sobre 2.193 votantes). Assim, a mariologia entrou na *Lumen Gentium* (= LG) como capítulo VIII.

O texto-base era da mão do teólogo sistemático Gérard Philips, Presidente da Comissão teológica do Concílio, sendo secundado pelo mariólogo franciscano Carl Balic. Passou pelo menos por cinco redações sucessivas. Na votação final este capítulo foi aprovado praticamente por unanimidade: 2.134 votos positivos sobre um total de 2.145 votantes (dez negativos e um nulo).

Era a primeira vez que um Concílio tratava diretamente *ex professo* de Maria. O documento é curto, mas denso. Representa, em mariologia, como disse Paulo VI, mais um desenvolvimento **qualitativo**, isto é, de compreensão, do que quantitativo ou de extensão. Para Yves Congar, o que fez aí o Concílio foi mais banhar-se novamente nas fontes da mariologia do que propriamente abrir novas torrentes. Note-se que de Maria o Concílio fala ainda, uma dezena de vezes, em outros documentos[1].

Portanto, a novidade principal do Vaticano II foi de **perspectiva**: inserir Maria no arco completo da História da Salvação, especialmente no mistério de Cristo e da Igreja. Embora situada na Constituição sobre a Igreja, a doutrina mariana não se restringe ao horizonte eclesiológico, mas se alarga dentro do cristológico.

Eis um esquema esclarecedor da novidade do Vaticano II (os traços valem por tendências):

Antes do Concílio	Depois do Concílio
1. Mariologia separada do resto da teologia.	– Mariologia integrada na teologia.
2. Mariologia das "glórias" de Maria SS. ou de seus privilégios.	– Mariologia "encarnada": Maria mulher de fé, redimida, membro da Igreja etc.
3. Mariologia dedutivista, especulativa.	– Mariologia bíblica e da grande Tradição.

Daremos em seguida um guia de leitura ou breve comentário do cap. VIII da LG. Para cada número, explicitaremos, logo no início, a **ideia central** e, em seguida, na parte "outros relevos", indicaremos outros pontos significativos do texto em questão[2].

---

1. SC 103: importância das festas marianas no ciclo litúrgico. • UR 15,2: grande veneração à Mãe de Deus da parte da Igreja do Oriente. • UR 20: Maria como ponto de divergência entre as Igrejas cristãs. • AG 42: Maria, Rainha dos Apóstolos, interceda junto a Deus para que as "nações sejam... levadas ao conhecimento da verdade". • PO 18,2: a Mãe de Cristo como modelo dos pastores. • PC 25: a santa Virgem, "cuja vida é modelo para todos", interceda pelos Consagrados. • OT 8: os Seminaristas, "com filial confiança, amem e venerem" a santa Virgem. • AA 6,10: Maria como modelo de espiritualidade para os leigos, em sua vida cotidiana e em seu apostolado. • NA 3: Os islâmicos "honram" Maria como virgem e "às vezes a invocam".

2. Como bibliografia acessível para o cap. VIII da LG, cf. em português: MEO, S. Concílio Vaticano II. In: MEO, S. & DE FIORES, S. (dir.). *Dicionário de Mariologia*. São Paulo: Paulus, 1995, p. 296-307. • BARAÚNA, G. A SS. Virgem a serviço da

1. Proêmio

N. 52 – Maria: parte integrante da fé

> **52.** Deus benigníssimo e sapientíssimo, querendo realizar a Redenção do mundo, "quando veio a plenitude do tempo, enviou seu Filho, feito da mulher, ...para que recebêssemos a adoção de filhos" (Gl 4,4-5). "O qual, por amor de nós homens e para nossa salvação, desceu dos céus e se encarnou, por obra do Espírito Santo, de Maria Virgem". Este mistério divino de salvação se nos revela e perpetua na Igreja, que o Senhor constituiu como Seu corpo. Unidos a Cristo como Cabeça e em comunhão com todos os Seus santos, os fiéis devem venerar também a memória "primeiramente da gloriosa sempre Virgem Maria, Mãe de Deus e de nosso Senhor Jesus Cristo".

A LG registra, de entrada, a presença de Maria nos principais "documentos" da fé:

1) na **Escritura**, citando o primeiro texto mariano do Novo Testamento (= NT), Gl 4,4: "feito de mulher";

2) no **Símbolo** da fé: "e se encarnou... de Maria Virgem";

3) no **Cânon** romano: os fiéis veneram "**em primeiro lugar** a gloriosa sempre Virgem Maria..."

---

economia da salvação. In: BARAÚNA, G. (dir.). *A Igreja do Vaticano II*. Petrópolis: Vozes, 1965, p. 1.157-1.176; e em espanhol: Revista *Estudios marianos*, t. 26 (1965), t. 27-28 (1966) e t. 40 (1976) I, espec. PHILIPS, G. El espíritu que alienta en el capítulo VIII de la LG, t. 27 (1966), p. 185-209. • MÜLLER, G.L. *¿Qué significa María para nosotros, los cristianos?*: reflexiones sobre el capítulo mariológico de la Lumen Gentium. Madri: Palabra, 2001. Em italiano há bibliografia abundante, inclusive técnica, espec. TONIOLO, E.M. *La beata Maria Vergine nel Concilio Vaticano II*: cronistoria del Capitolo VIII della Costituzione dogmatica "Lumen Gentium" e sinossi di tutte le redazioni. Roma: Centro di Cultura Mariana "Madre della Chiesa", 2004.

Outros relevos

- O capítulo abre com "Deus benigníssimo e sapientíssimo", para indicar que no mistério de Maria resplandece de modo particular a bondade e a sabedoria de Deus.

- A nota 1, além do Símbolo do I Concílio de Constantinopla, refere-se aos Símbolos de outros grandes Concílios da Igreja antiga, incluindo o chamado "Símbolo dos Apóstolos" do Missal Romano. Em todos eles, brilha a profissão de fé no Cristo, nascido "da Virgem Maria".

- O "em primeiro lugar" (*in primis*) do Cânon romano mostra que, na memória litúrgica, Maria encabeça a *communio sanctorum*. Aquela especificação foi infelizmente supressa na tradução brasileira do Missal Romano – certamente uma perda dogmática e catequética, além da litúrgica.

N. 53 – *Excelência e limites da figura e da missão de Maria*

53. Pois a Virgem Maria, que na Anunciação do Anjo recebeu o Verbo de Deus no coração e no corpo e trouxe ao mundo a Vida, é reconhecida e honrada como verdadeira Mãe de Deus e do Redentor. Em vista dos méritos de seu Filho foi redimida de um modo mais sublime e unida a Ele por um vínculo estreito e indissolúvel, é dotada com a missão sublime e a dignidade de ser Mãe do Filho de Deus, e por isso filha predileta do Pai e sacrário do Espírito Santo. Por este dom de graça exímia supera de muito todas as outras criaturas, celestes e terrestres. Mas ao mesmo tempo está unida, na estirpe de Adão, com todos os homens a serem salvos. Mais ainda: "é verdadeiramente a Mãe dos membros (de Cristo) ...porque cooperou pela caridade para que na Igreja nascessem os fiéis que são os membros desta Cabeça". E por causa disso é saudada também

> como membro supereminente e de todo singular da Igreja, como seu tipo e modelo excelente na fé e caridade. E a Igreja Católica, instruída pelo Espírito Santo, honra-a com afeto de piedade filial como mãe amantíssima.

Este número conjuga de modo articulado:

1) os "princípios abertos" (da eminência, da singularidade etc.) referentes à mariologia. Estão expressos principalmente na primeira parte do presente número (até a palavra "terrestres"). Isso se nota pela linguagem de excelência, como nas expressões: "redimida de um modo mais sublime", "vínculo indissolúvel" com Cristo, "missão sublime", "filha predileta", "graça exímia", "supera de muito todas as outras criaturas" e, mais adiante, "membro supereminente e de todo singular da Igreja";

2) e os "princípios limitativos" (da criaturalidade, da redenção por Cristo, da pertença à Igreja etc.), presentes principalmente na segunda parte (a partir das palavras "mas, ao mesmo tempo"). Assim as expressões: "unida na estirpe de Adão", "(unida) com todos os homens a serem salvos", "membro... da Igreja". Pouco antes, o texto tinha dito que Ela também foi "redimida" (embora "de um modo mais sublime") e que está entre as "criaturas" (embora as "supere de muito").

Outros relevos

- Maria concebeu o Verbo não só "no corpo", mas também "no coração". É a doutrina *prius mente quam ventre*, elaborada pelos Padres latinos, especialmente por Santo Agostinho, que o Concílio, contudo, não refere em nota (SANTO AGOSTINHO. Sermo 215,4. • Cf. PINTARD, 1970: 25-58).

- Maria foi "redimida" e "de um modo mais sublime", isto é, segundo o modo da **preservação**, em vista do Mistério pascal de Cristo.

- Atendo-se à tradição mais antiga, o Concílio chama Maria "sacrário do Espírito Santo" e não "Esposa", como se costuma hoje e como faz inclusive João Paulo II[3].

- Dizer que Maria é "da estirpe de Adão" e que está unida a "todos os homens a serem salvos" significa que Ela partilha nossa condição humana. Trata-se de uma visão mariológica que parte "de baixo" e que está atenta aos princípios limitativos da mariologia.

- Maria é "membro" da Igreja, mas membro "supereminente e de todo singular", justamente porque "**mãe** dos membros de Cristo" (Santo Agostinho). Aqui as duas ordens de princípios estão combinadas: os da limitação (membro da Igreja) e os da excelência (membro supereminente).

- "A Igreja... honra-a com afeto de piedade filial como Mãe amantíssima." Embora sem referência, trata-se de uma citação de Bento XIV em sua bula *Gloriosae Dominae* (27 set. 1748), n. 3. Estamos, pois, próximos do título de "Mãe da Igreja", que Paulo VI lhe conferiu ao término da III Sessão do Vaticano II, em 21 de novembro de 1964.

N. 54 – O Concílio não entende dizer tudo sobre Maria

> **54.** Por isso o Sacrossanto Sínodo, ao expor a doutrina sobre a Igreja, na qual o divino Redentor opera a salvação, quer esclare-

---

3. O título explícito de "Esposa do Espírito Santo" parece ter origem em São Francisco no seu "Ofício da Paixão", embora a ideia já se encontre, se bem que raramente, na tradição patrística. Para isso cf. a tese de doutorado de APOLLONIO, Alessandro M. *Mariologia francescana*. Roma: Marianum, 1997, p. 41-47.

cer com empenho tanto a missão da Bem-aventurada Virgem no mistério do Verbo Encarnado e do Corpo Místico como os deveres dos homens remidos para com a Mãe de Deus, mãe de Cristo e mãe dos homens, mormente dos fiéis. Contudo, o Concílio não tem em mente propor a doutrina completa sobre Maria, nem quer dirimir as questões ainda não trazidas à plena luz pelo trabalho dos teólogos. Mantêm-se por isso em seu direito as opiniões que nas escolas católicas se propõem livremente acerca daquela que na Santa Igreja ocupa o lugar mais alto depois de Cristo e o mais perto de nós.

A intenção do Vaticano II não foi propor uma "doutrina completa" sobre Maria, mas apenas colocar um novo **horizonte**, como já indica o título do cap. VIII: "Maria no mistério de Cristo e da Igreja", complementando a exposição dogmática com os "deveres" dos fiéis para com a santa Virgem. O Concílio optou por apresentar uma mariologia contida e essencial.

Outros relevos

- Reaparece aqui a dialética teológica da distância e da proximidade: Maria "ocupa o lugar mais alto... e (ao mesmo tempo) o mais perto de nós".
- São sugeridas as três e mesmo quatro dimensões da maternidade de Maria: Ela é "Mãe de Deus, de Cristo e dos humanos, especialmente dos fiéis".

2. Maria na História da Salvação

N. 55 – A figura de Maria "esboçada" no Antigo Testamento

> **55.** As Sagradas Letras do Velho e do Novo Testamento, como também a veneranda Tradição, mostram o múnus da Mãe do Salvador na Ecnomia da salvação com sempre maior clareza e a apresentam como digna de nossa consideração. Os livros do Antigo Testamento descrevem a história da salvação pela qual o advento de Cristo neste mundo é lentamente preparado. Estes documentos primitivos, tais como são lidos na Igreja e entendidos à luz da revelação posterior e plena, manifestam com sempre maior nitidez a figura da mulher, Mãe do Redentor. Vista sob esta luz, ela já é profeticamente esboçada na promessa dada aos primeiros pais caídos no pecado, quando se fala da vitória sobre a serpente (cf. Gn 3,15). De modo semelhante é esta a Virgem que conceberá e dará à luz um Filho cujo nome será Emanuel (Is 7,14; cf. Mq 5,2-3; Mt 1,22-23). Ela mesma sobressai entre os humildes e pobres do Senhor que dele esperam e recebem com fé a salvação. Com ela enfim, excelsa Filha de Sião, depois de uma demorada espera da promessa, completam-se os tempos e se instaura a nova Economia, quando o Filho de Deus assumiu dela a natureza humana a fim de livrar o homem do pecado pelos mistérios de sua carne.

Começa aqui o tema "Maria no Mistério de Cristo". Ideia principal: Maria já é delineada no Antigo Testamento (= AT), sobretudo através de quatro referências bíblicas:

1) o chamado "protoevangelho" (Gn 3,15), em relação ao qual, porém, o Concílio evita, por questões exegéticas, decidir sobre quem obterá a "vitória sobre a serpente": se a Virgem, como viu a tradição católica, apoiando-se no feminino da Vulgata (*ipsa te conteret*: Ela te esmagará); ou se a humanidade, como parece indicar o neutro da Bíblia he-

braica; ou se é o próprio Cristo, como sugere o masculino da tradução grega da LXX;

2) a passagem isaiana "Eis que a Virgem conceberá..." (Is 7,14), que mais tarde Mateus aplicará a Maria (Mt 1,23);

3) a alusão à espiritualidade pós-exílica dos *anawim*, presente nos Salmos e nos Profetas, e que o Concílio exprime na frase: "Ela sobressai entre os humildes e pobres do Senhor";

4) por fim, a alusão à "Filha de Sião" que espera a salvação, e que Lucas evoca na Anunciação (Lc 1,28-33, em paralelo com Sf 3,14-17).

Outros relevos

- As quatro referências acima não são exaustivas. O Concílio não quis evocar outras figuras bíblicas de Maria desenvolvidas pela tradição, tais as Matriarcas do Povo de Deus; as grandes Libertadoras, como Débora, Judite e Ester; as mães sofredoras, como Resfa (2Sm 21), a Mãe dos sete filhos macabeus; a Esposa dos Cânticos, a Sabedoria (Pr 8,22-31; Eclo 24,1-22) etc. A razão é a opção de sobriedade mariológica que fez o Concílio.

- O Concílio diz que a figura de Maria, na história da fé, aparece "com sempre maior clareza". De fato, a mariologia é o tratado onde se verifica com mais nitidez a teoria do "desenvolvimento dos dogmas".

- O texto conciliar sugere também a forma de hermenêutica pela qual deve ser lido o AT: "na Igreja" e "à luz da Revelação posterior e plena".

- Aqui o cap. VIII faz uma primeira referência aos **pobres**, vendo-os numa ótica acentuadamente **espiritual**. Os pobres reaparecerão ainda no n. 57, onde ganham um sentido mais concretamente socioeconômico.

N. 56 – Maria na Anunciação: pessoa livre frente a graça

56. Quis, porém, o Pai das misericórdias que a encarnação fosse precedida pela aceitação daquela que era predestinada a ser Mãe de seu Filho, para que assim como a mulher contribuiu para a morte, a mulher também contribuísse para a vida. O que de modo excelentíssimo vale da Mãe de Jesus, a qual deu ao mundo a própria Vida que tudo renova e foi por Deus enriquecida com dons dignos para tamanha função. Daí não admira que nos Santos Padres prevalecesse o costume de chamar a Mãe de Deus toda santa, imune de toda mancha de pecado, como que plasmada pelo Espírito Santo e formada nova criatura. Dotada desde o primeiro instante de sua conceição dos esplendores de uma santidade inteiramente singular, a Virgem de Nazaré é por ordem de Deus saudada pelo Anjo anunciador como "cheia de graça" (cf. Lc 1,28). E ela mesma responde ao mensageiro caleste: "Eis aqui a serva do Senhor, faça-se em mim segundo a tua palavra" (Lc 1,38). Assim Maria, filha de Adão, consentindo na palavra divina, se fez Mãe de Jesus. E abraçando a vontade salvífica de Deus com coração pleno, não retida por nenhum pecado, consagrou-se totalmente como serva do Senhor à pessoa e obra de seu Filho, servindo sob Ele e com Ele, por graça de Deus onipotente, ao mistério da redenção. Por isso é com razão que os Santos Padres julgam que Deus não se serviu de Maria como de instrumento meramente passivo, mas julgam-na cooperando para a salvação humana com livre fé e obediência. Pois ela, como diz Santo Ireneu, "obedecendo, se fez causa de salvação tanto para si como para todo o gênero humano". Donde não poucos Padres antigos afirmam de bom grado em sua pregação: "O nó da desobediência de Eva foi desfeito pela obediência de Maria; o que a virgem Eva ligou pela incredulidade, a virgem Maria desligou pela fé". Comparando Maria com Eva, chamam-na de "mãe dos viventes"; e com frequência afirmam: "veio a morte por Eva e a vida por Maria".

A Anunciação representa, para o Concílio, um momento tão importante que lhe dedica todo um número, e um número relativamente extenso. Coloca aí Maria como "sujeito", isto é, como pessoa que responde, de modo livre e consciente, à Palavra de Deus. A Virgem aparece como mulher **livre** e ao mesmo tempo como mulher **de fé**. Pois só quem se possui na liberdade é que pode se entregar na fé. Fala-se aí duas vezes explicitamente da "fé" de Maria[4].

Para exprimir a fé **comprometida** de Maria na obra da salvação, o Concílio usa todo um vocabulário **ativo**, como: "aceitação", "contribuiu", "Ela mesma responde", "consentindo", "se fez mãe", "abraçando a vontade salvífica", "com coração pleno", "consagrou-se totalmente", "não... instrumento meramente passivo", "cooperando", "com livre fé", "causa de salvação", "obediência", "desligou pela fé".

Foi justamente por ter crido na Palavra de Deus que Maria se tornou a Mãe de Deus. É como diziam os Padres da Igreja: "Concebeu primeiro na mente, depois no ventre" (cf. supra n. 53 da LG). Portanto, antes ainda de ser mãe, Maria surge como crente. Pode-se assim dizer que, se a maternidade divina de Maria é o "princípio objetivo" da mariologia, seu "princípio subjetivo" é certamente a fé total de Maria.

Outros relevos

- Esta visão de Maria, mulher de fé libérrima, além de ser evangélica, tem uma clara inspiração **patrística**, como reconhece o próprio texto, referindo-se por duas vezes aos Santos Padres.

- "Enriquecida com dons": os privilégios de Maria (maternidade divina, imaculada etc.) não visam tanto honrar sua

---

4. Em todo o cap. VIII, há uma dezena de referências à fé da santa Virgem.

pessoa quanto habilitá-la para servir ao Mistério da Salvação. Eles também são, nas palavras do Credo de Niceia – Constantinopla, *propter nostram salutem* (por nós e por nossa salvação). Têm, pois, um caráter funcional, tanto no campo cristológico como no antropológico.

"Toda santa": assim preferem chamá-la os Orientais (*pan-aghía* em grego). Os Ocidentais preferem "Santíssima".

• "Plasmada pelo ES": a temática da relação Maria-Espírito Santo, que se desenvolveu depois do Concílio, está bem presente nos Padres, como mostram as referências da nota 5.

• Dotada de uma "santidade inteiramente singular... desde o primeiro instante de sua concepção": referência ao dogma da imaculada Conceição, que é mencionado mais à frente, no n. 59.

• Se Maria "serviu ao mistério da Redenção", foi "por graça de Deus". Quer dizer: a Virgem também precisou da graça para crer e ser fiel ao seu compromisso.

• O paralelo Eva-Maria, inaugurado por São Justino e desenvolvido por Santo Irineu (citado na nota 7), tornou-se clássico na mariologia. Essas duas mulheres aparecem respectivamente como as figuras da incredulidade e da fé, da desobediência e da obediência. Ademais, esse paralelismo põe em realce a missão específica da Mulher na obra da Redenção, ao lado do papel do Varão (LAURENTINI & MEO. In: DE FIORES & MEO, 1995: 974-983).

• "Causa de salvação": expressão ousada de Santo Irineu. Os teólogos da Reforma só admitem a cooperação de Maria na obra da salvação em termos da "salvação subjetiva" (aceita, derivada), não da "salvação objetiva" (proposta, fontal), a qual seria, para eles, da alçada absolutamente exclusiva de Cristo (BOSC. In: VV.AA., 1967: 44). Os católicos, por sua parte, admitem que Maria, especialmente sob a cruz, colaborou de fato com Cristo no plano da salvação objetiva, como o texto presente e outros posteriores dão a entender (cf. n. 56, 58, 61 e 62).

N. 57 – Maria e sua união com Cristo na "vida oculta"

57. Esta união entre Mãe e Filho na obra da salvação manifesta-se desde o tempo da virginal conceição de Cristo até sua morte. Manifesta-se primeiramente quando Maria, levantando-se com pressa para visitar Isabel, é saudada como bem-aventurada por causa de sua fé na salvação prometida e o precursor exultou no seio da mãe (cf. Lc 1,41-45). Manifesta-se no dia de Natal, quando a Mãe de Deus mostrou cheia de alegria aos pastores e Magos seu Filho primogênito, que não lhe violou, mas sagrou a integridade virginal. Quando, depois de oferecido o óbolo dos pobres, apresentou-o no templo ao Senhor, ouviu a Simeão prenunciando simultaneamente que o Filho seria um futuro sinal de contradição e uma espada perpassaria a alma da mãe, para que se revelassem os pensamentos de muitos corações (cf. Lc 2,34-35). Quando o Menino Jesus se perde e seus pais o procuram com dor, encontram-no no templo ocupado nas coisas que eram de seu Pai; e não entenderam a palavra do Filho. Mas sua Mãe conservava tudo isto em seu coração para meditar (cf. Lc 2,41-51).

O Concílio descreve a relação de Maria com o Filho, tanto no céu como na terra, em termos de "união". E isso, em primeiro lugar, na vida oculta (n. 57); depois, na vida pública (n. 58); e, por fim, na Comunidade primitiva, até sua exaltação na glória (n. 59).

A ideia da "união" é como o "fio vermelho" que junta todos os textos neotestamentários acerca da Virgem. Esta aparece, em síntese, como a "generosa companheira" de Cristo, como dirá o

n. 61,2. A "união" da Virgem com o Salvador não é meramente psicológica, mas profundamente pessoal, isto é, moral, espiritual e mesmo soteriológica.

Outros relevos

- Da vida oculta, o Concílio destaca quatro episódios: a Visitação, o Natal, a Apresentação e a Perda de Jesus no Templo.
- O texto fala da "integridade virginal" de Maria no contexto do Natal, aludindo, portanto, à sua virgindade também **no parto**. E cita, na nota 10, entre outros documentos, o Concílio regional de Latrão de 649, que ensina o dogma da virgindade **perpétua** de Maria, inclusive no parto: "Concebeu, sem sêmen, do Espírito Santo; **deu à luz sem corrupção**; permanecendo indissolúvel sua virgindade também depois do parto" (cânon 3) (BOFF, C., 2016: 21-31 – esp. p. 26-28 para a "virgindade no parto").
- "Óbolo dos pobres": é a segunda vez que o cap. VIII fala dos "pobres", agora em ótica socioeconômica, como já referimos. A perspectiva de "Maria pobre", que não recebeu maior atenção no Vaticano II, foi desenvolvida mais tarde no âmbito da Igreja da América Latina e Caribe.
- Impossível não notar a relevância próxima a zero que teve o *Magnificat* na LG. Dele cita apenas o v. 48: "Chamar-me-ão bem-aventurada..." (n. 66). Do núcleo duro, libertador, do cântico da Virgem (Lc 1,51-53: "Desdobrou a força de seu braço..."), não há a mais leve alusão. Foi somente depois do Concílio que se explorou o potencial profético-transformador do *Magnificat*, graças sobretudo à Teologia da Libertação e à teologia feminista.

N. 58 – Maria e sua união com Cristo na "vida pública"

> **58.** Na vida pública de Jesus, sua Mãe aparece significativamente. Já no começo, quando, para as núpcias em Caná da Galileia, movida de misericórdia, conseguiu por sua intercessão o início dos sinais de Jesus, o Messias (cf. Jo 2,1-11). No decurso da pregação de seu Filho ela recebeu as palavras pelas quais, exaltando o Reino acima de raças e vínculos de carne e sangue, Ele proclamou bem-aventurados os que ouvem e guardam a Palavra de Deus (cf. Mc 3,35 e Lc 11,27-28), tal como ela mesma fielmente o fazia (cf. Lc 2,19 e 51). Assim a B. Virgem avançou em peregrinação de fé. Manteve fielmente sua união com o Filho até à cruz, onde esteve não sem desígnio divino (cf. Jo 19,25). Veementemente sofreu junto com seu Unigênito. E com ânimo materno se associou ao seu sacrifício, consentindo com amor na imolação da vítima por ela mesma gerada. Finalmente, pelo próprio Cristo Jesus moribundo na cruz foi dada como mãe ao discípulo com estas palavras: Mulher, eis aí teu filho (cf. Jo 19,26-27).

O Concílio destaca, para este período, três pontos: 1) a presença da Virgem nas bodas de Caná; 2) o macarismo dos que ouvem a Palavra de Deus e a observam, aplicado a Maria; 3) e o estar da Mãe de Jesus aos pés da cruz do Filho.

Outros relevos

- O Concílio diz que, nas bodas de Caná, Maria foi "movida de misericórdia", embora o texto evangélico respectivo (Jo 2) não ofereça apoio literário algum a tal expressão. Trata-se, pois, de uma interpretação criativa da perícopa.
- São aqui também referidas passagens como Mc 3,35 e Lc 11,27-28, tidas às vezes por "antimariológicas" (quando são,

na verdade, apenas a-mariológicas) e normalmente evitadas pelo Magistério pré-conciliar.

- O número em análise mostra Maria como mulher de fé ativa e contemplativa ou **meditativa** (Lc 2,19.51).

- Importante a afirmação: Maria "avançou em peregrinação de fé". O Vaticano II não pôde desenvolver esse germe fecundíssimo. Fê-lo, porém, a mariologia pós-conciliar, especialmente a *Redemptoris mater* (1987), que tomou aquele dito como seu *leitmotiv*.

- Dizendo que Maria se encontrava aos pés da cruz "não sem desígnio divino", a LG abre aquela cena ao seu sentido simbólico-mistérico: a maternidade *espiritual* de Maria – verdade esta que será claramente afirmada mais adiante, no fim do n. 61.

- "Com ânimo maternal se associou ao seu sacrifício, consentindo...": pode-se ver aí uma alusão discreta à delicada questão de Maria como "corredentora", inclusive na ordem da salvação fontal ou objetiva, de que se falou no n. 56.

- Como para a cena da Anunciação, aqui também, no episódio de Maria aos pés da Cruz, o Concílio usa uma terminologia **ativa**: "manteve sua união", "sofreu junto", "se associou", "consentindo com amor".

N. 59 – Maria e sua união com Cristo depois da Ascensão

> **59.** Tendo sido do agrado de Deus não manifestar solenemente o mistério da salvação humana antes de derramar o Espírito prometido por Cristo, vemos os Apóstolos antes do dia de Pentecostes "perseverando unanimemente em oração com as mulheres e Maria, mãe de Jesus, e com os irmãos dele (At 1,14), e outrossim Maria implorando com suas preces o dom do Espírito, o qual já

> na Anunciação a havia coberto com sua sombra. Finalmente, a Imaculada Virgem, preservada imune de toda mancha da culpa original, terminado o curso da vida terrestre, foi assunta em corpo e alma à glória celeste. E, para que mais plenamente estivesse conforme a seu Filho, Senhor dos senhores (cf. Ap 19,16) e vencedor do pecado e da morte, foi exaltada pelo Senhor como Rainha do Universo.

Nesse número o esquema é também tripartite: 1) Maria "orando" com os Apóstolos no Cenáculo, 2) a Assunção da Virgem, e 3) sua Coroação no céu.

Outros relevos

- Diz-se que Maria "implora" o "dom do Espírito Santo", que, contudo – observa o texto –, Ela já havia recebido na Anunciação. Assim, liga-se o "pentecostes mariano" da Anunciação, ocorrido em vista do nascimento de Cristo, com o "Pentecostes apostólico", depois da Páscoa, derramado em vista do nascimento da Igreja.

- O Concílio professa o dogma da Imaculada Conceição, remetendo, na nota 12, à bula dogmática *Ineffabilis* de Pio IX (cf. BOFF, C. "Imaculada Conceição").

- Faz o mesmo com o dogma da Assunção, referindo, na nota 13, a declaração solene de Pio XII *Munificentissimus*, cujos termos essenciais retoma. Na mesma nota, o Concílio reenvia às fontes patrísticas da Assunção. Por serem todas orientais, se exprimem em termos de "dormição". É só mais à frente que a LG vai dar o sentido eclesiológico da Assunção: a Virgem gloriosa é a imagem escatológica da Igreja (n. 68) (BOFF, C. "Assunção de Maria ao céu em corpo e alma").

- O Concílio se refere aos dois dogmas em análise numa única frase, deixando entrever que estão vinculados um ao outro como o começo e o fim do mesmo mistério.

- Na LG o mistério de Maria se consuma com sua coroação: é a ideia de Maria "Rainha do Universo". A base teológica é a "conformação" ao Filho, "Vencedor do pecado e da morte", segundo o princípio mariológico da "semelhança" ou da "analogia". Aqui, o Concílio, na nota 14, se refere à encíclica de Pio XII, de 1954, tratando da festa de Nossa Senhora Rainha, e ainda a dois Padres da Igreja, ambos do Oriente.

3. Maria e a Igreja

N. 60 – Missão de Maria na Redenção: sempre in Christo, único Mediador

> **60.** Um só é o nosso Mediador segundo as palavras do Apóstolo: "Porque um só é Deus, também há um só Mediador entre Deus e os homens, o homem Cristo Jesus, que se entregou para redenção de todos" (1Tm 2,5-6). Todavia a materna missão de Maria a favor dos homens de modo algum obscurece nem diminui esta mediação única de Cristo, mas até ostenta sua potência, pois todo o salutar influxo da Bem-aventurada Virgem a favor dos homens não se origina de alguma necessidade interna, mas do divino beneplácito. Flui dos superabundantes méritos de Cristo, repousa na sua mediação, dela depende inteiramente e dela aufere toda a força. De modo algum impede, mas até favorece a união imediata dos fiéis com Cristo.

Aqui começa a parte relativa ao lugar de Maria SS. no mistério da **Igreja**. É precisamente a perspectiva eclesiológica que fez com que o tratado sobre a Santa Virgem fosse incluído na Constituição dogmática sobre a Igreja, a LG. Mas importa reconhecer também, a partir da análise do próprio conteúdo do cap. VIII, que Maria cabe sim na Igreja, mas também, de certo modo, a desborda.

A ideia central da posição de Maria na Igreja, segundo a LG, é a de sua **mediação**, mas enquanto "mediação participada" da única mediação de Cristo, como se exprime J. Newman. É uma mediação **por** Cristo, **com** Cristo (mas não em plena simetria) e **em** Cristo, nunca, porém, **sem** Cristo ou **no lugar** de Cristo.

O Concílio se preocupa em frisar o caráter **cristocêntrico** da missão mediacional de Maria. Isso para afastar qualquer ambiguidade que poderia suscitar a questão da mediação mariana, seja no campo ecumênico, seja no da pastoral popular[5].

Outros relevos

- Para abordar a questão do lugar de Maria na obra da Redenção, especialmente sua mediação, o Concílio entra no assunto fazendo uma decidida profissão de fé no "Cristo único Mediador". Pois é só salvaguardando plenamente esta verdade que a questão da mediação de Maria pode ser bem equacionada.

- O texto conciliar coloca a mediação da Virgem na ótica da **maternidade**. Fala na "materna missão" de Maria. É essa também, aliás, a ótica adotada pela *Redemptoris mater*, que desenvolverá o tema, na parte III, insistindo no fato de que a mediação materna de Maria assume a forma da **intercessão**.

- O cap. VIII se esforça por articular sempre a mediação de Maria com a de Cristo. Procura fazê-lo nestes termos: 1) a mediação de Maria "flui" da mediação de Cristo, "ostenta a potência" desta, "repousa" nela e "depende inteiramente"

---

5. Cf. *infra* excurso sobre a problemática atual da mediação de Maria.

dela; 2) além disso, "favorece a união **imediata** dos fiéis com Cristo"; 3) não seria, a rigor, necessária, mas foi positivamente querida por Deus, pois "se origina" do "divino beneplácito". É, pois, da ordem do *bene esse* da Redenção e não simplesmente do seu *esse*.

N. 61 – Razões da missão atual de Maria na Igreja

61. Predestinada desde a eternidade junto com a Encarnação do Verbo divino, como Mãe de Deus, por desígnio da Providência divina, a Bem-aventurada Virgem foi nesta terra a sublime mãe do Redentor, singularmente mais que os outros sua generosa companheira e humilde serva do Senhor. Ela concebeu, gerou, nutriu a Cristo, apresentou-o ao Pai no templo, compadeceu com seu Filho que morria na cruz. Assim de modo inteiramente singular, pela obediência, fé, esperança e ardente caridade, ela cooperou na obra do Salvador para a restauração da vida sobrenatural das almas. Por tal motivo ela se tornou para nós mãe na ordem da graça.

As **bases** da atuação mediacional da Mãe de Deus deitam suas raízes no importante papel que Ela exerceu na terra, ao lado do Filho, na redenção do mundo. Efetivamente, Ela "cooperou" na obra do Filho com sua "fé, esperança e caridade". E isso "de modo inteiramente singular".

Outros relevos

• Nesse número aparecem os títulos de "serva" e de "companheira", e nisso Maria se sobressaiu "singularmente mais que os outros". Isso supõe que Jesus se cercou de outros "companheiros", como os Apóstolos, mas que sua Mãe excedeu a todos como companheira "generosa" e "singular". A ideia de singularidade aparece outra vez no mesmo número: "De modo inteiramente singular cooperou..."

- O título de "serva", além de já ter aparecido no n. 56, volta aqui. É um título certamente neotestamentário. Aliás, é o único título que Maria se dá: "Eis aqui a Serva do Senhor"; e "(Deus) olhou para a condição humilde de sua serva" (Lc 1,38.48). No entanto, tal título não recebeu maior destaque na história da devoção mariana, como também não recebeu maior relevo na LG.

- No que tange à ideia de "Maria-companheira" (*socia*), é preciso dizer que, quando **referida a Cristo** (*socia Redemptoris*), está ligada à doutrina de corredenção, que, no fim do número em estudo, emerge, mais uma vez, através da expressão "cooperou na obra do Salvador". Quando, ao invés, é **referida aos fiéis**, "companheira" desponta como uma denominação mais recente, hoje difundida em certos meios eclesiais, como nas Comunidades de Base, particularmente em seus hinários ("Companheira Maria" etc.) (BOFF, C. "Maria na cultura brasileira").

- Diz-se também aí que Maria é "mãe na ordem da graça" ou seja, mãe espiritual. *Mater divinae gratiae*, diz a ladainha lauretana, no sentido de que Ela é a Mãe da Graça personificada – Cristo (cf. Tt 2,11; 3,4); e também de que, por sua intercessão, Ela se preocupa com que os fiéis vivam e cresçam na vida da graça, como ensina o número que segue.

N. 62 – Maria continua sua missão no céu através de sua intercessão

---

62. Esta maternidade de Maria na economia da graça perdura ininterruptamente, a partir do consentimento que ela fielmente prestou na Anunciação, que sob a cruz resolutamente manteve, até à perpétua consumação de todos os eleitos. Assunta aos céus, não

> abandonou este salvífico múnus, mas por sua multíplice intercessão prossegue em granjear-nos os dons da salvação eterna. Por sua maternal caridade cuida dos irmãos de seu Filho, que ainda peregrinam rodeados de perigos e dificuldades, até que sejam conduzidos à feliz pátria. Por isso a Bem-aventurada Virgem Maria é invocada na Igreja sob os títulos de Advogada, Auxiliadora, Adjutriz, Medianeira. Isto, porém, se entende de tal modo que nada derrogue, nada acrescente à dignidade e eficácia de Cristo, o único Mediador.
>
> Com efeito, nenhuma criatura jamais pode ser colocada no mesmo plano com o Verbo encarnado e Redentor. Mas como o sacerdócio de Cristo é participado de vários modos seja pelos ministros seja pelo povo fiel, e como a indivisa bondade de Deus é realmente difundida nas criaturas de modos diversos, assim também a única mediação do Redentor não exclui, mas suscita nas criaturas uma variegada cooperação que participa de uma única fonte.
>
> A Igreja não hesita em proclamar esse múnus subordinado de Maria. Pois sempre de novo o experimenta e recomenda-o ao coração dos fiéis para que, encorajados por esta maternal proteção, mais intimamente adiram ao Mediador e Salvador.

Neste número importantíssimo, o Concílio afirma que a missão materna de Maria "perdura" na glória. Mas como a santa Virgem "medeia" a graça para seus filhos? Essencialmente através de sua "intercessão". Esta é expressão da sua "materna caridade", pela qual "cuida" dos seus filhos na terra. Em resumo: a **mediação** de Maria, por um lado, se baseia em sua **maternidade** e, por outro, se exprime na forma da **intercessão**.

Outros relevos

- Logo no início do número, o Concílio indica os três momentos constitutivos da maternidade de Maria: tal maternidade vai "do consentimento prestado na Anunciação", passa pela prova da cruz, sob a qual "manteve resolutamente" seu sim, e se estende até à "consumação dos eleitos".

- O Concílio insiste na **continuidade** da função materno-espiritual de Maria através de três expressões: "perdura ininterruptamente", "não abandonou este salvífico múnus", e "prossegue em granjear-nos os dons da salvação".

- Subjacente a esse número está toda a problemática de Maria "Medianeira de todas as graças". Havia um grupo expressivo de Padres conciliares (313, precisamente) que tinha apresentado uma proposta visando a declaração do dogma da mediação universal de Maria. Mas um grande número era contrário, não propriamente ao conteúdo dogmático desta verdade, mas à oportunidade de sua declaração formal. A saída encontrada pelo redator G. Philips e que agradou a ambas as partes foi: 1) constatar o **fato** de que "Maria é invocada na Igreja sob o título de... Medianeira..."; 2) colocar este título problemático **no meio** de outros, como os de "Advogada, Auxiliadora e Adjutriz" (Socorro). Em apoio à teologia da mediação mariana, remete-se à nota 16, que cita quatro documentos do Magistério:

1) a encíclica *Adjutricem populi* (1895) de Leão XIII, que chama Maria de "Auxiliar" e "Auxiliadora";

2) a *Ad diem illum* (1904) de Pio X, que se refere por extenso à "mediação" da Virgem, fazendo apelo às metáforas de Maria como "aqueduto" e como "pescoço" do Corpo Místico, já usadas por São Bernardo (n. 8);

3) a *Merentissimus* (1928) de Pio XI, que chama a Virgem de "Medianeira" e mesmo de "Redentora";

4) e por fim à *Radiomensagem* de Pio XII, feita em português, por ocasião da conclusão das solenidades de Fátima, em 1946, e que afirma estar Maria "associada a Cristo na distribuição das graças" (n. 4).

- O Concílio uma vez mais busca reenfocar a mediação de Maria em ótica **cristocêntrica**. Diz que a "única mediação" do Redentor não é uma mediação fechada em sua exclusividade, mas é uma mediação aberta, **inclusiva**: ela "suscita" "cooperação". Usa para isso duas analogias ilustrativas: 1) Só Deus é bom, mas Ele faz as criaturas tomarem parte em sua bondade; 2) Só Cristo é Sacerdote, mas Ele faz os ministros e todo o Povo de Deus "participarem" de seu sacerdócio. Daí afirmar o texto que o "múnus" de Maria é "subordinado" ao de Cristo, sendo dele derivado.

- O Concílio volta a registrar o *sensus fidelium* em relação à mediação mariana, afirmando que é assim mesmo que a Igreja "experimenta" o papel de Maria e que é por isso mesmo que também o "recomenda".

- O Magistério conciliar mais uma vez sublinha que a mediação de Maria não aparece como algo de "inter-posto" entre nós e Cristo, como se a Virgem fosse uma "inter-mediária". Não, Ela cumpre uma mediação que, de certa forma, "imediatiza" nossa relação com o Mediador. Por isso diz o Concílio: "...os fiéis, encorajados por esta maternal proteção, mais **intimamente** adiram ao Mediador..." Já havia declarado no número anterior que a "missão materna de Maria... favorece a união **imediata** com Cristo". Diríamos, portanto, que Ela não está **entre** nós e Cristo, mas como que **ao nosso lado**, para nos levar diretamente a Ele. Maria pode, assim, ser vista como o caminho mais direto, curto e rápido para Cristo, ou seja, uma espécie de atalho.

• O Concílio não explica como se podem articular os respectivos papéis do Espírito, da Igreja e de Maria na geração e na administração da graça. Poderíamos sinteticamente pensar esta articulação assim: o Espírito é a **fonte** e o protagonista da graça; a Igreja é seu **canal** sacramental e institucional; e Maria é, neste processo, a grande **intercessora**, além de modelo.

– Sabe-se que existe hoje, especialmente nos Estados Unidos, um forte movimento em favor do chamado "quinto dogma", que seria o de "Maria corredentora" ou, seu correspondente, "Maria medianeira de todas as graças". O que está em questão aí não é a verdade contida nesse pretendido dogma. Vimos acima que o título de "Medianeira" é aceito explicitamente pela LG VIII e que há nela vários números que apoiam a ideia de Maria corredentora, e tudo em base ao próprio NT. Temos, pois, aí uma verdade mariológica que, para ser tal, não precisa ser formalizada em dogma. O que está em questão não é isso, mas precisamente se é oportuno fazer essa formalização, ou seja, se chegou o tempo de declarar essa verdade um dogma infalível. Por ora, o Magistério, assim como a maioria dos mariólogos, julga que essa verdade ainda não está bastante madura para ser dogmatizada, e isso tanto na reflexão dos teólogos como na prática dos fiéis, recomendando entretanto, que se aprofunde o caráter cristocêntrico da mariologia, assim como as implicações ecumênicas que a declaração de um novo dogma pode ter.

N. 63 – Maria: "tipo" da Igreja em ordem à união com Cristo

> **63.** Em virtude da graça da divina maternidade e da missão pela qual ela está unida com seu Filho Redentor, e em virtude de suas singulares graças e funções, a Bem-aventurada Virgem está também intimamente relacionada com a Igreja. Já Santo Ambrósio ensinava que a Mãe de Deus é o tipo da Igreja na ordem da fé, da caridade e da perfeita união com Cristo. No mistério da Igreja – pois também a Igreja é com razão chamada mãe e virgem – a Bem-aventurada Virgem Maria ocupa um lugar eminente e singular como modelo de virgem e de mãe. Crendo e obedecendo, ela gerou na terra o próprio Filho do Pai, sem conhecer varão, coberta pela sombra do Espírito Santo, e, como nova Eva, não deu crédito à antiga serpente, mas aceitou sem mescla de dúvida e falsidade a palavra do mensageiro de Deus. O Filho que ela gerou foi por Deus constituído primogênito entre muitos irmãos (cf. Rm 8,29), isto é, entre os fiéis em cuja geração e formação ela coopera com materno amor.

Começa agora a reflexão sobre o paralelismo místico e ético Maria-Igreja, muito desenvolvido pelos Santos Padres. O pensamento tipológico se apoia aqui explicitamente em Santo Ambrósio, que declara Maria "tipo" ou "modelo" da Igreja[6]. Mas em que termos Maria é "tipo" da Igreja? O n. 63 responde:

1) De maneira geral, Maria é tipo da Igreja na "ordem da fé, da caridade e da união com Cristo" ou, nas palavras de hoje, como discípula.

2) Em particular, Ela é tipo da Igreja a título de "Mãe e Virgem". Este último ponto vai ser desenvolvido somente no

---

6. "Tipo" tem aqui valor **dogmático** (do que é), mas também **ético** (do que deve ser). Poderíamos falar também em "figura", "imagem" ou "ícone" e mesmo em "exemplo", como se fará no n. 65.

número seguinte. No número ora em análise, o 63, o Concílio se contenta em colocar a base do paralelismo Maria-Igreja, detendo-se no primeiro polo deste paralelismo: Maria, Mãe virginal e Virgem fecunda.

Outros relevos

- O lugar de Maria na Igreja é "eminente e singular", justamente por ser Ela "modelo" exímio para toda a Igreja. Esta é uma ideia patrística, como registra a nota 19.

- "Crendo e obedecendo, Ela gerou...": volta de novo a ideia da maternidade divina de Maria como ato de liberdade e de fé, e não simplesmente como mero acontecimento biológico ou então como puro evento da graça – ideia que já vimos referida no n. 53.

- A expressão "sem conhecer varão" marca o **realismo** da virgindade de Maria na concepção do Verbo – dado sólido do NT.

- Volta o paralelismo com Eva, desenvolvido no fim do n. 56. A Virgem é a "Nova Eva" que acreditou "sem mescla de dúvida e falsidade".

N. 64 – Paralelismo Maria-Igreja em termos de Maternidade e Virgindade

> **64.** Por certo a Igreja, contemplando-lhe a arcana santidade, imitando-lhe a caridade e cumprindo fielmente a vontade do Pai, mediante a Palvavra de Deus recebida na fé, torna-se também ela mãe. Pois pela pregação e pelo batismo ela gera para a vida nova e imortal os filhos concebidos do Espírito Santo e nascidos de Deus. Ela é também a virgem que íntegra e puramente guarda a palavra

> dada ao Esposo. Imitando a Mãe de seu Senhor, pela virtude do Espírito Santo conserva virginalmente uma fé íntegra, uma sólida esperança e uma sincera caridade.

Neste número, o Concílio explicita a ideia de Maria como "tipo" **exemplar** da Igreja em termos de virgem e de mãe. Eis como apresenta este paralelo: como Maria, a Igreja também **deve** ser mãe e virgem: **Mãe**, porque a Igreja também deve gerar novos filhos; **Virgem**, porque a Igreja também deve guardar-se "íntegra" para seu Esposo.

Outros relevos

- Como a Mãe do Verbo, a Igreja, em primeiro lugar, **concebe**, "acolhendo" a Palavra pela fé; em seguida, ela gera filhos e filhas "através da pregação e do batismo".

- A Igreja, também como Maria, concebe filhos "por obra do Espírito Santo", o grande ativador da Palavra e dos Sacramentos.

- A "virgindade" da Igreja é a *virginitas fidei* (Santo Agostinho). Mas em que consiste? O Concílio não é muito claro, mas parece dizer que consiste, no nível moral, em "guardar a palavra dada" e em viver uma "sincera caridade"; e, no nível doutrinário, em "guardar... uma fé íntegra", isto é, pura e isenta de todo erro ou heresia.

- É mister reconhecer que esse pensamento "tipológico" é um tanto estranho à mentalidade moderna, em primeiro lugar, por ser esta **funcional** e por isso pouco afeita à simbolização; e, em segundo lugar, por ser **individualista**, isto é, avessa a uma visão orgânica da pessoa em relação à comunidade. Para os Santos Padres, ao contrário, Maria e a Igreja são as duas faces de um único mistério: Maria é a "Igreja concentrada" e a Igreja é "Maria extensa" (RAHNER, 1977)[7].

N. 65 – Maria: exemplo para os cristãos

65. Enquanto na Beatíssima VIrgem a Igreja já atingiu a perfeição, pela qual existe sem mácula e sem ruga (cf. Ef 5,27), os cristãos ainda se esforçam para crescer em santidade vencendo o pecado. Por isso elevam seus olhos a Maria que refulge para toda a comunidade dos eleitos como exmeplo de virtudes. Piedosamente nela meditando e contemplando-a à luz do Verbo feito homem, a Igreja penetra com reverência mais profundamente no sublime mistério da Encarnação, assemelhando-se mais e mais ao Esposo. Pois Maria, entrando intimamente na história da salvação, une em si de certo modo e reflete as supremas normas da fé. Quando é proclamada e cultuada, leva os fiéis ao seu Filho, ao sacrifício do Filho e ao amor do Pai. A Igreja, porém, buscando a glória de Cristo, torna-se mais semelhante ao seu excelso tipo, e constantemente progride a fé, esperança e caridade, procurando e cumprindo a vontade divina em tudo. Esta é a razão também por que em sua obra apostólica a Igreja se volta para Aquela que gerou a Cristo, concebido do Espírito Santo e nascido da Virgem a fim de que pela Igreja nasça também e cresça nos corações dos fiéis. Esta Virgem deu em sua vida o exemplo daquele materno afeto do qual devem estar animados todos os que cooperam na missão apostólica da Igreja para a regeneração dos homens.

---

7. Orig. alemão 1950, especialmente Introdução: Maria, figura da Igreja, p. 15-24. Cf. tb. a eclesiologia original de H.U. von Balthasar, sintetizada por Brendan Leahy. *O princípio mariano da Igreja*. São Paulo: Cidade Nova, 2005.

Agora se passa do nível coletivo (Igreja) para o dos indivíduos (os cristãos). O núcleo diz: Maria é "exemplo de virtudes" para todos os fiéis, incluindo os Pastores. Sobre as virtudes de que Maria é exemplo, o Concílio se concentra nas teologais. O Vaticano II deu muita ênfase à **exemplaridade** da figura de Maria, mostrando que a relação com Ela não deve ficar apenas na invocação (Maria como Tu), mas deve incluir também a imitação (Maria como Ela).

Outros relevos

- Em Maria SS. a Igreja "atingiu a perfeição" da santidade. A santa Virgem representa a Igreja "esplêndida, sem mancha nem ruga, nem qualquer defeito, mas santa e irrepreensível" (Ef 5,27). Esta ideia retornará no n. 68.

- De que virtudes Maria é exemplo? O Concílio lista somente a fé, a esperança e a caridade. Fala também da "obediência", do fazer a vontade do Pai ou do observar a Palavra de Deus, mas isso pode ser compreendido como fazendo parte da fé. Os Padres conciliares não quiseram se deter em outras virtudes marianas, como a castidade, a fortaleza, a humildade, como alguns queriam, mas ativeram-se nesse campo ao essencial.

- Afirmação capital: "Maria... une em si... e reflete as supremas normas da fé". Isto significa que Ela é a síntese, o compêndio, o epítome da fé: de suas verdades dogmáticas e de suas exigências éticas. A santa Virgem é, no dizer dos Padres orientais, o "selo da ortodoxia". É o "todo no fragmento" (FORTE, 1991: 5 – primeira frase do livro), ou seja: o céu na gota de orvalho.

- O texto diz claramente: Maria "leva os fiéis ao seu Filho", a saber: o culto mariano é e deve ser sempre cristocentrado. Poderíamos dizer que esse culto é caracterizado por um decidido "cristo-tropismo".

- O "excelso tipo" da Igreja é, sem sombra de dúvida, Jesus Cristo. Contudo, a imitação da Mãe do Senhor leva certamente à imitação do Filho, analogamente à de Paulo (cf. 1Cor 11,1; 1Ts 1,6).

- O Concílio levanta uma riquíssima perspectiva pastoral: Maria é exemplo inclusive para os Pastores e outros Agentes de Pastoral. Como? No sentido de que o trabalho pastoral não é, em primeiro lugar, uma obra de organização ou de agitação, mas é antes um **ato generativo**: deve fazer com que Cristo possa "nascer e crescer no coração dos fiéis". Justamente por isso, "os que cooperam na missão apostólica da Igreja" devem imitar a Mãe do Senhor, imbuindo-se de um verdadeiro "afeto materno"[8]. De resto, a concepção do Apostolado como **maternidade** tem bases bíblicas, especialmente em São Paulo (cf. Gl 4,19; 1Ts 2,7-8; 1Cor 4,15).

4. O culto mariano

N. 66 – A veneração a Maria leva à adoração do Senhor

> **66.** Por graça de Deus exaltada depois do Filho acima de todos os anjos e homens, como Mãe santíssima de Deus, Maria esteve presente aos mistérios de Cristo e é merecidamente honrada com culto especial pela Igreja. Com efeito, desde remotíssimos tempos a Bem-aventurada VIrgem é venerada sob o título de Mãe de Deus, sob cuja proteção os fiéis se refugiam súplices em todos os seus perigos e necessidades. Por isso, mormente desde o Sínodo de Éfeso, o culto do povo de Deus a Maria cresceu maravilhosamente em veneração e amor, em invocação e imitação, de acordo com

---

8. A ideia de Maria como exemplo no campo da Pastoral reaparece no decreto sobre os Presbíteros (PO 18).

suas próprias proféticas palavras: "Chamar-me-ão bem-aventurada todas as gerações, porque fez em mim grandes coisas o Poderoso" (Lc 1,48). Este culto, tal como sempre existiu na Igreja, embora seja inteiramente singular, difere essencialmente do culto de adoração que se presta ao Verbo encarnado e igualmente ao Pai e ao Espírito Santo, e o favorece poderosamente. As várias formas de piedade para com a Mãe de Deus – que a Igreja aprovou dentro dos limites da sã e ortodoxa doutrina, segundo as condições dos tempos e lugares e a índole e capacidade dos fiéis – fazem com que, enquanto se honra a Mãe, o Filho, por causa de quem tudo foi criado (cf. Cl 1,15-16) e no Qual por agrado do Pai eterno reside toda a plenitude (Cl 1,19), seja devidamente conhecido, amado, glorificado e que sejam guardados seus mandamentos.

Começa agora a parte relativa aos "deveres" dos fiéis para com a Mãe de Deus, em particular no campo do culto. O Concílio estabelece os **fundamentos** do culto Mariano, assim como sua natureza e suas formas.

A ideia central é a **legitimidade** do culto mariano na exata medida de sua **cristocentração**: "Enquanto se honra a Mãe, o Filho... é conhecido, amado, glorificado e obedecido".

Outros relevos

- Quanto aos **fundamentos** do culto mariano, colocam-se: 1) a eminência da santidade de Maria; 2) sua Maternidade divina; 3) e sua presença efetiva junto a Cristo quando estava na terra.

- Declara-se o culto mariano **antiquíssimo**: "desde remotíssimos tempos"; e cita-se na nota 21 a súplica mariana mais antiga que se conhece (antes do Concílio de Éfeso, 431), o *Sub tuum praesidium*, testemunha de que Maria já então era "venerada sob o título de Mãe de Deus" (*Theotókos*). Acresce que já no Novo Testamento temos sinais de uma "protomariologia" em forma de louvação: "Alegra-te, Maria..." (saudação do Anjo); "Bendita sois vós..." (grito de Isabel), "Todas as gerações me chamarão bem-aventurada" (o único versículo do *Magnificat* que o Concílio cita), "Felizes as entranhas..." (da boca de uma mulher do povo).

- O texto fala, para Maria, de um "culto especial" e, pouco mais à frente, de um "culto inteiramente singular", que a tradição chamou de **hiperdulia**. O Vaticano II volta a ensinar que tal culto é "essencialmente diferente" do "culto de adoração" (**latria**), reservado a Deus, pois que Maria é, em verdade, uma criatura e, além disso, um ser que precisou ser redimido, embora de modo extraordinário, como atestou o n. 53.

- Constata-se também que o culto popular a Maria "cresceu maravilhosamente" na história, "mormente desde o Concílio de Éfeso", quando se reconheceu a Maria o título de "Mãe de Deus". O Vaticano II reconhece aí a realização da profecia da própria Virgem: "Chamar-me-ão bem-aventurada..." Segundo o Concílio, o culto mariano cresceu em quatro direções: 1) em veneração, 2) em amor, 3) em invocação e 4) em imitação.

- O texto conciliar inclui, no culto mariano, as "várias formas de piedade", que o n. 67, o seguinte, chamará de "práticas e exercícios de piedade". Seriam presumivelmente o rosário, o ângelus, as ladainhas, a Salve-Rainha e outras antífonas, as novenas, as romarias etc.

- Num parênteses, a LG indica os três princípios que legitimam determinada forma de piedade popular para com a Mãe de Deus: 1) correta doutrina ou ortodoxia; 2) adaptação às condições de tempo e de lugar; e 3) adequação à mentalidade e à capacidade dos fiéis.

N. 67 – *Orientações pastorais para o estudo, a pregação e o culto marianos*

67. O Sacrossanto Sínodo ensina deliberadamente esta doutrina católica e admoesta ao mesmo tempo todos os filhos da Igreja a que generosamente promovam o culto, sobretudo o litúrgico, para com a Bem-aventurada Virgem, deem grande valor às práticas e aos exercícios de piedade recomendados pelo Magistério no curso dos séculos e observem religiosamente o que em tempos passados foi decretado sobre o culto das imagens de Cristo, da Bem-aventurada Virgem e dos Santos. Mas com todo o empenho exorta os teólogos e os pregadores da palavra divina a que na consideração da singular dignidade da Mãe de Deus se abstenham com diligência tanto de todo o falso exagero quanto da demasiada estreiteza de espírito. Sob a direção do Magistério cultivem o estudo da Sagrada Escritura, dos Santos Padres e Doutores e das liturgias da Igreja para retamente ilsutrar os ofícios e privilégios da Bem-aventurada Virgem que sempre levam a Cristo, origem de toda verdade, santidade e piedade. Com diligência afastem tudo que, por palavras ou por fatos, possa induzir os irmãos separados ou quaisquer outros em erro acerca da verdadeira doutrina da Igreja. Ademais, saivam os fiéis que a verdadeira devoção não consiste num estéril e transiório afeto, nem numa certa vã credulidade, mas procede da fé verdadeira pela qual somos levados a reconhecer a excelência da Mãe de Deus, excitados a um amor filial para com nossa Mãe e à imitação das suas virtudes.

Agora vem a parte prático-exortativa. A admoestação central se refere aos critérios da "verdadeira devoção" a Maria:

1) que esteja baseada na "fé verdadeira" e não apenas numa "vã credulidade" (dimensão intelectual);

2) que seja animada por um autêntico "amor filial" e não apenas num "estéril e transitório afeto" (dimensão afetiva);

3) e que leve à "imitação", não se limitando à invocação (dimensão prática).

Em resumo: a devoção autêntica deve levar a conhecer, amar e servir (ou imitar) a Mãe de Jesus e, por Ela, ao seu Filho. Pois volta, mais uma vez, o bordão: as devoções à Virgem SS. "sempre levam a Cristo".

Outros relevos

• Dirigindo-se, em geral, a "todos os filhos da Igreja", o Concílio se refere ao **culto das imagens**, sobre o qual os "Pentecostais" batem forte. Remete ao ensino do Magistério, citando na nota 22 dois Concílios que trataram do assunto:

1) o Concílio de Niceia II (de 787), que, contra os iconoclastas, defendeu o culto das imagens, ensinando tratar-se de um culto de veneração e não de adoração;

2) o de Trento, que propõe um sadio e legítimo culto dos santos e de suas relíquias, condenando ao mesmo tempo alguns desvios, como a "superstição, o abuso do dinheiro e toda indecência" (DH 1821-1825).

• Voltando-se, em seguida, aos "teólogos e pregadores", o cap. VIII lhes dá três avisos salutares:

1) Evitem os extremos do "falso exagero" (maximalismo) e da "estreiteza de espírito" (minimalismo);

2) Hauram os dados de sua mariologia das **fontes autênticas**, que são: a Escritura, os Santos Padres, os Doutores, a Liturgia e o Magistério;

3) Cultivem, por fim, uma sensibilidade **ecumênica**, evitando "palavras ou fatos" **equívocos**, que "induzam em erro" os "irmãos separados" em relação à doutrina e ao culto da Mãe de Cristo.

5. Maria, sinal escatológico

N. 68 – Maria: imagem final da Igreja

---

68. Nesse ínterim a Mãe de Jesus, tal como está nos céus já glorificada de corpo e alma, é a imagem e o começo da Igreja como deverá ser consumada no tempo futuro. Assim também brilha aqui na terra como sinal da esperança segura e do conforto para o povo de Deus em peregrinação, até que chegue o dia do Senhor (cf. 2Pd 3,10).

Com este número, o penúltimo, o Concílio se orienta para a conclusão de seu magistério. A ideia central é que Maria na glória é a **imagem escatológica** da Igreja, sendo, por isso, "sinal de esperança e de conforto" para o "Povo de Deus peregrino". A Virgem assunta ao céu seria a **escatologia realizada** da Igreja e de toda a humanidade.

Outros relevos

- Fala-se da glorificação "em corpo e alma" da SS. Virgem, segundo a fórmula dogmática que já fora retomada no n. 59.

- Segundo a LG, Nossa Senhora na Glória é "imagem e começo da Igreja". Esta ideia já tinha aparecido na Constituição sobre a Liturgia *Sacrosanctum concilium*, onde se declara: "A santa Igreja... A contempla com alegria como uma puríssima imagem daquilo que ela mesma anseia e espera ser" (n. 103).

- Pode-se, deste modo, afirmar que o privilégio da Assunção da Mãe de Jesus só é **singular** quanto ao modo (corpo e alma) e às circunstâncias (imediatamente após o fim de seus dias), não quanto à sua **essência**, podendo dela participar, na esperança, todos os fiéis.

N. 69 – Despedida: aceno aos cristãos do Oriente e convocação a todos os fiéis

> **69.** Causa grande alegria e consolação a este Sacrossanto Sínodo o fato de não faltarem também entre os irmãos separados os que dão a devida honra à Mãe do Senhor e Salvador, especialmente entre os Orientais que com férvido impulso e coração devoto concorrem ao culto da sempre Virgem Mãe de Deus. Todos os fiéis cristãos supliquem instantemente à Mãe de Deus e Mãe dos homens, para que Ela, que com suas preces assistiu às primícias da Igreja, também agora, exaltada no céu sobre todos os bem-aventurados e anjos, na Comunhão de todos os Santos, interceda junto a seu Filho até que todas as famílias dos povos, tanto as que estão ornadas com o nome de cristão como as que ainda ignoram o seu Salvador, sejam felizmente congregadas na paz e concórdia, no único Povo de Deus, para a glória da Santíssima e Indivisa Trindade.

É o último número, pelo qual se fecha o cap. VIII. Aí destacam-se duas coisas:

1) Elogio aos "irmãos separados", especialmente aos Orientais (ortodoxos), pelo culto "férvido" e "devoto" para com a "sempre Virgem Mãe de Deus" (*Aeiparthénos Theotókos*);

2) Exortação a todos os fiéis para que "supliquem" à Mãe de Deus e dos seres humanos para que todos os povos, cristãos ou não, possam viver "em paz" "no único Povo de Deus".

Outros relevos

• Alusão ao Pentecostes, como "primícias da Igreja", à qual Maria "assistiu com suas preces", como testemunham os Atos (cf. 1,14).

- Referência à intercessão atual de Maria junto a seu Filho pela paz no mundo inteiro.
- Fecho de todo o documento com uma menção à SS. Trindade.

Sintetizando a LG VIII

Vimos que a mariologia da LG se estrutura a partir de dois enfoques maiores: o eclesiológico e também o cristológico, como registra o próprio título do cap. VIII: "Maria no mistério de Cristo e da Igreja". Informa, porém, a LG outros enfoques, de caráter transversal, como:

1) O enfoque **histórico-salvífico**. Esse procura situar Maria no horizonte maior da História da salvação, evitando o isolamento dogmático do tratado de mariologia, dando-lhe, ao invés disso, uma impostação fortemente "econômica", mais especificamente, soteriológica.

2) O enfoque **bíblico**. A Sagrada Escritura é a fonte principal do cap. VIII. No Antigo Testamento leem-se prefigurações de Maria. Citam-se todos os textos mariológicos do NT, também os que relativizam a maternidade carnal. Destaca-se a figura de Maria como "mulher de fé", na linha de Lucas. Quanto ao Magistério, ele é referido, como se deve, somente depois da Bíblia[9].

3) O enfoque **antropológico**. A LG sublinha o lado humano de Maria, como mulher livre, pessoa consciente e responsável, que cooperou ativamente no projeto do Filho, como se vê pelo comentário conciliar da Anunciação (n. 56). O Vaticano II sublinha, além disso, que Ela também viveu na

---

9. Das 114 citações magisteriais dos textos preparatórios, ficaram no texto final apenas 14.

penumbra da não visão: "avançou em peregrinação de fé" (n. 58).

4) O enfoque **pastoral**. Em relação à mariologia, o interesse maior do Concílio foi renovar a vida de fé e não criar novos dogmas. Por isso, sua preocupação central foi **cristocentrar** fortemente a devoção popular mariana, especialmente na questão da "mediação" de Maria. Os Padres conciliares cuidaram para que se evitassem abusos na piedade mariana, como o sentimentalismo, a superstição, o exagero maximalista e o minimalista. O Concílio enfatizou a imitação das virtudes da Virgem, especialmente as teologais. Pediu e mostrou sensibilidade **ecumênica**, propondo uma mariologia bíblica, severa e bem cristocentrada.

Temas mariológicos pós-conciliares

Depois do Concílio a mariologia avançou em alguns temas, como:

1) Maria e o Espírito Santo

2) Maria na piedade popular

3) Maria e a libertação social

4) Maria e a evangelização

5) Maria e o feminino

6) Maria nas culturas (inculturação)

7) Maria e a ecologia

8) Maria e a "via da beleza" (arte)

9) Maria e a espiritualidade

Referências

ALFARO, J. *Maria, a bem-aventurada porque acreditou*. São Paulo: Loyola, 1986.

ÁLVAREZ, C.G. *Maria, discípula de Jesus e mensageira do Evangelho*. São Paulo: Paulinas/Paulus, 2005 [Col. V Conferência – Bíblia].

ANDRIANOPOLIS, L. "La maternidad divina de María..." In: INMACULADA, I. *Estudios Marianos*, 48 (1983).

AUTRAN, A.M. *Maria na Bíblia*. São Paulo: Ave Maria, 1992.

BERNARDO DE CLARAVAL (São). *Sermões para as festas de Nossa Senhora*. Petrópolis: Vozes, 1999.

BESUTTI, G.; TONIOLO, E. & DANIELI, S. *Bibliografia mariana* (1948-). Roma: Ed. Marianum, 1950- [12 vol. já publicados].

BOFF, C. *Mariologia social*: o significado da Virgem para a sociedade. 4. ed. São Paulo: Paulus, 2017.

_____. "Assunção de Maria ao céu em corpo e alma". In: *Dogmas marianos*: síntese catequético-pastoral. 4. ed. São Paulo: Ave Maria, 2016.

_____. *Dogmas marianos*: síntese catequético-pastoral. 4. ed. São Paulo: Ave Maria, 2016.

_____. "Imaculada Conceição. In: *Dogmas marianos*: síntese catequético-pastoral. 4. ed. São Paulo: Ave Maria, 2016.

_____. "Virgindade perpétua de Maria". In: *Dogmas marianos*: síntese catequético-pastoral. 4. ed. São Paulo: Ave Maria, 2016.

_____. *O cotidiano de Maria de Nazaré*. São Paulo: Ave Maria, 2003.

_____. *Maria na cultura brasileira*: Aparecida, Iemanjá, N.S. da Libertação. Petrópolis: Vozes, 1995.

BOFF, L. *O rosto materno de Deus*: ensaio interdisciplinar sobre o feminino e suas formas religiosas. Petrópolis: Vozes, 1979.

BOSC, J. "La Constitution dogmatique 'Lumen Gentium'". In: VV.AA. *Points de vue de théologiens protestants.* Paris: Cerf, 1967.

BOHNÖFFER, D. "Sermon sur le Magnificat". *Bible et vie chrétienne*, 106 (1972).

Catecismo da Igreja Católica (1992), n. 487-511; 963-975.

CELAM. "Igreja e religiosidade popular na América Latina". In: SARTORI, L. (org.). *Religiosità popolare.* Bolonha: EDB, 1978.

_____. *Documento de Puebla*, n. 282-303.

CNBB. *Com Maria rumo ao novo Milênio*: a Mãe de Jesus na devoção, na Bíblia e nos dogmas. São Paulo: Paulinas, 1998 [Col. Rumo ao novo Milênio 32].

COMPÊNDIO DO VATICANO II. Constituições, decretos, declarações. *Constituição Dogmática Lumen Gentium.* 31. ed. Petrópolis: Vozes, 2005.

CONGREGAÇÃO PARA A EDUCAÇÃO CATÓLICA. "A virgem Maria na formação intelectual e espiritual", 1988. *Sedoc*, v. 21 (1989), n. 34.

DANTE ALIGUIERI. *Divina comédia.* [s.d.], par. XXXII, 85.

DOLTO, F. "A sagrada família (entrevista a G. Sévérin)". *Comunicações do Iser*, t. 5, n. 19 (1986).

FIORES S. de & MEO, S. (dir.). *Dicionário de Mariologia.* São Paulo: Paulus, 1995.

FORTE, B. *Maria, a mulher ícone do Mistério*: ensaio de mariologia simbólico-narrativa. São Paulo: Paulinas, 1991.

GARRIGOU-LAGRANGE, R. *La Mère du Sauveur et notre vie spirituelle.* In: BARAÚNA, G. *Curto tratado de teologia mariana.* Petrópolis: Vozes, 1965 [Apresentação do livro de René Laurentin].

GEBARA I. & BINGEMER, M.C.L. *Maria, mãe de Deus e mãe dos pobres*: um ensaio a partir da mulher e da América Latina. Petrópolis: Vozes, 1987 [Col. Teologia e Libertação 13].

JOÃO PAULO II. Encíclica *Redemptoris Mater*, 1987.

KOSER, C. *O pensamento franciscano*. Petrópolis: Vozes, 1960.

LAURENTIN, R. *Breve tratado de teologia mariana*. Petrópolis: Vozes, 1965.

LAURENTIN, R. & MEO, S. "Nova Eva". In: DE FIORES, S. & MEO, S. (orgs.). *Dicionário de Mariologia*. São Paulo: Paulus, 1995.

LEWIS, C.S. *Mero cristianismo*. São Paulo: Quadrante, 1997.

LIGÓRIO, A.M. de. *Glórias de Maria* (1750). 3. ed. Aparecida: Santuário, 1989.

LUTERO, M. *Magnificat*: o louvor de Maria. Aparecida/São Leopoldo: Santuário/Sinodal, 2015.

MAGGIONI, B. *Maria na Igreja em oração*: solenidades, festas e memórias marianas no ano litúrgico. São Paulo: Paulus, 1998.

MEGALE, J.B. *A Palavra e a rosa*: a Mãe de Jesus na luz da Palavra de Deus. São Paulo: Ave Maria, 2003.

MESTERS, C. *Maria, a mãe de Jesus*. Petrópolis: Vozes, 1979.

MOEHLER, J.-A. *La Patrologie, ou Histoire Littéraire des trois Premiers Siècles de l'Église Chrétienne*. T. II. 1843.

MONTFORT, L.M.G. *Tratado da verdadeira devoção à Santíssima Virgem* (1712). 46. ed. Petrópolis: Vozes, 2018. MÜLLER, G.L. A Mãe de Cristo: modelo da existência cristã e tipo da Igreja (mariologia). In: *Dogmática católica*: teoria e prática da teologia. Petrópolis: Vozes, 2015.

MURAD, A. *Maria, toda de Deus e tão humana*. Valência: Siquem/São Paulo: Paulinas, 2004 [Col. Livros Básicos de Teologia (LBT) 8,2].

_____. *Quem é esta mulher?*: Maria na Bíblia. São Paulo: Paulinas, 1996.

NEWMAN, J.H. *Carta ao Rev. Pusey* (1865). Roma: Città Nuova, 1975 [Trad. ital.].

PAREDES, J.C.R.G. *Mariologia*: síntese bíblica, histórica e sistemática. São Paulo: Ave Maria, 2011.

PAULO VI. Exortação apostólica *Marialis Cultus*, 1974.

ORTEGA, R. "¿El subversivo de Nazaré?" *Medellín*, 5 (1979).

PINTARD, J. "Le Príncipe 'prius mente quam corpore...' dans la patristique et la théologie latines". *Études Mariales*, t. 27 (1970).

QUINTANA, M. *A cor do invisível*. Rio de Janeiro: Globo, 1989.

RAHNER, H. *Maria e la Chiesa*. 2. ed. Milão: Jaca Book, 1977.

RAMOS, L. *Morte e Assunção de Maria*: trânsito de Maria e Livro do Descanso. Petrópolis: Vozes, 1991 [Col. Bíblia Apócrifa].

_____. *A história do nascimento de Maria*: protoevangelho de Tiago. Petrópolis: Vozes, 1988 [Col. Bíblia Apócrifa].

Revistas: muitas nas várias línguas, nenhuma em português.

ROSCHINI, G. *La Madonna*. Roma: F. Ferrari, 1954.

ROTONDI, V. "La Madonna e l'operaio". In: ACADEMIA MARIOLOGICA INTERNAZIONALE (org.). *Alma socia Christi*. V. 12. Roma: AMI, 1953.

SANTO AGOSTINHO. In: CNBB. *Com Maria, rumo ao Novo Milênio*. São Paulo: Paulinas, 1998.

_____. *A Virgem Maria*: cem textos marianos com comentários. São Paulo: Paulus, 1996.

_____. *Sermo* 215,4: PL 38,1074: *Fide plena, et Christum prius mente quam ventre concipiens.*

SÃO BERNARDO DE CLARAVAL. *Sermões para as festas de Nossa Senhora*. Petrópolis: Vozes, 1999.

SÃO JOÃO DAMASCENO. "Sermão III para a Dormição. 19: PG 97, 752". In: LAURENTIN, R. *Curto tratado de teologia mariana*. Petrópolis: Vozes, 1965.

_____. *De fide orthodoxa*. III, 12: PG 94, 1029.

SÃO LEÃO MAGNO. "*Tomus ad Flavianum*: PL 54, 765-767". In: DE FIORES & MEO (org.). *Novo Dicionário de Mariologia*. São Paulo: Paulus, 1995 [citando estudo de G.M. Polo].

SERRA, A. Bíblia (Maria na). In: FIORES, S. & MEO, S. *Dicionário de Mariologia*. São Paulo: Paulus, 1995.

_____. *Maria secondo il vangelo*. Brescia: Queriniana, 1987.

SCHILLEBEEKCX, E. *Maria, Mãe da Redenção*. Petrópolis: Vozes, 1968.

SERRA, A. *Maria em Caná e junto à cruz*. São Paulo: Paulinas, 1979.

SOELL, G. *Storia dei dogmi mariani*. Roma: LAS, 1981.

TOMÁS DE AQUINO. *Suma Teológica*, III, questões 27-35.

WARE, G. "III Sent., q. 25". In: VV.AA. *Quaestiones disputatae de Immaculata Conceptione B.V.M.* [s.l.]: Ed. Ad Claras Acquas, 1904.

VALENTINI, A. *Il Magnificat*. Bolonha: Dehoniane, 1987.

VATICANO II. *Lumen Gentium*, cap. VIII.

COLEÇÃO INICIAÇÃO À TEOLOGIA
Coordenadores: Welder Lancieri Marchini e Francisco Morás

- *Teologia Moral: questões vitais*
  Antônio Moser
- *Liturgia*
  Frei Alberto Beckhäuser
- *Mariologia*
  Clodovis Boff
- *Bioética: do consenso ao bom-senso*
  Antônio Moser e André Marcelo M. Soares
- *Mariologia – Interpelações para a vida e para a fé*
  Lina Boff
- *Antropologia teológica – Salvação cristã: salvos de quê e para quê?*
  Alfonso García Rubio
- *A Bíblia - Elementos historiográficos e literários*
  Carlos Frederico Schlaepfer, Francisco Rodrigues Orofino e
  Isidoro Mazzarolo
- *Moral fundamental*
  Frei Nilo Agostini
- *Direito Canônico – O povo de Deus e a vivência dos sacramentos*
  Ivo Müller, OFM

CULTURAL

Administração
Antropologia
Biografias
Comunicação
Dinâmicas e Jogos
Ecologia e Meio Ambiente
Educação e Pedagogia
Filosofia
História
Letras e Literatura
Obras de referência
Política
Psicologia
Saúde e Nutrição
Serviço Social e Trabalho
Sociologia

CATEQUÉTICO PASTORAL

Catequese
Geral
Crisma
Primeira Eucaristia

Pastoral
Geral
Sacramental
Familiar
Social
Ensino Religioso Escolar

TEOLÓGICO ESPIRITUAL

Biografias
Devocionários
Espiritualidade e Mística
Espiritualidade Mariana
Franciscanismo
Autoconhecimento
Liturgia
Obras de referência
Sagrada Escritura e Livros Apócrifos

Teologia
Bíblica
Histórica
Prática
Sistemática

VOZES NOBILIS

Uma linha editorial especial, com importantes autores, alto valor agregado e qualidade superior.

REVISTAS

Concilium
Estudos Bíblicos
Grande Sinal
REB (Revista Eclesiástica Brasileira)

VOZES DE BOLSO

Obras clássicas de Ciências Humanas em formato de bolso.

PRODUTOS SAZONAIS

Folhinha do Sagrado Coração de Jesus
Calendário de mesa do Sagrado Coração de Jesus
Agenda do Sagrado Coração de Jesus
Almanaque Santo Antônio
Agendinha
Diário Vozes
Meditações para o dia a dia
Encontro diário com Deus
Guia Litúrgico

CADASTRE-SE
www.vozes.com.br

EDITORA VOZES LTDA.
Rua Frei Luís, 100 – Centro – Cep 25689-900 – Petrópolis, RJ
Tel.: (24) 2233-9000 – Fax: (24) 2231-4676 – E-mail: vendas@vozes.com.br

UNIDADES NO BRASIL: Belo Horizonte, MG – Brasília, DF – Campinas, SP – Cuiabá, MT
Curitiba, PR – Fortaleza, CE – Goiânia, GO – Juiz de Fora, MG
Manaus, AM – Petrópolis, RJ – Porto Alegre, RS – Recife, PE – Rio de Janeiro, RJ
Salvador, BA – São Paulo, SP